Tirso de Molina

El pretendiente al revés

Barcelona **2024**
Linkgua-ediciones.com

Créditos

Título original: El pretendiente al revés.

© 2024, Red ediciones S.L.

e-mail: info@linkgua-ediciones.com

Diseño de cubierta: Michel Mallard.

ISBN tapa dura: 978-84-1126-332-0.
ISBN rústica: 978-84-9816-502-9.
ISBN ebook: 978-84-9897-246-7.

Cualquier forma de reproducción, distribución, comunicación pública o transformación de esta obra solo puede ser realizada con la autorización de sus titulares, salvo excepción prevista por la ley. Diríjase a CEDRO (Centro Español de Derechos Reprográficos, www.cedro.org) si necesita fotocopiar, escanear o hacer copias digitales de algún fragmento de esta obra.

Sumario

Créditos _____ 4

Brevísima presentación _____ 7
   La vida _____ 7

Personajes _____ 8

Jornada primera _____ 9

Jornada segunda _____ 73

Jornada tercera _____ 117

Libros a la carta _____ 165

Brevísima presentación

La vida
Tirso de Molina (Madrid, 1583-Almazán, Soria, 1648). España.
Se dice que era hijo bastardo del duque de Osuna, pero otros lo niegan. Se sabe poco de su vida hasta su ingreso como novicio en la Orden mercedaria en 1600 y su profesión al año siguiente en Guadalajara. Parece que había escrito comedias, al tiempo que viajaba por Galicia y Portugal. En 1614 sufrió su primer destierro de la corte por sus sátiras contra la nobleza. Dos años más tarde fue enviado a la Hispaniola (actual República Dominicana), regresó en 1618. Su vocación artística y su actitud contraria a los cenáculos culteranos no facilitó sus relaciones con las autoridades. En 1625, el Concejo de Castilla lo amonestó por escribir comedias y le prohibió volver a hacerlo bajo amenaza de excomunión. Desde entonces solo escribió tres nuevas piezas y consagró el resto de su vida a las tareas de la orden.

El pretendiente al revés, tiene caracteres peculiares, como el del duque de Bretaña —con una artificiosa y compleja psicología—, un minucioso desarrollo del personaje de Leonora, su esposa, y un interesante uso de elementos villanescos, derivados del argumento.

Personajes

El Duque de Bretaña
Leonora, duquesa de Bretaña
Enrique, duque de Borgoña
Sirena, dama
Carlos, caballero
Floro, caballero
Ludovico, caballero
Guargueros, sacristán
Niso, barbero
Corbato, alcalde, pastor viejo
Carmenio, pastor
Peinado, pastor
Tirso, pastor
Celauro, pastor
Mengo, pastor
Clori, pastora
Fenisa, pastora
Torilda, pastora
Dos pajes
Una Dama
Pastores

Jornada primera

(Salen Carmenio, Celauro y Torilda, cantando y bailando, y Tirso y otros pastores con ellos.)

Todos	Buenas eran las azucenas; mas las clavellinas eran más buenas.
Uno	Si las rosas eran lindas, lindas son las maravillas, mejores las clavellinas, olorosas las mosquelas.
Todos	Buenas eran las azucenas; mas las clavellinas eran más buenas.
Uno	Verde estaba el toronjil, el mastuerzo y perejil, y más verde por abril el poleo y la verbena.
Todos	Buenas eran las azucenas; mas las clavellinas eran más buenas.
Carmenio	¿Venimos tarde o temprano?
Celauro	Buena hora pienso que es; que agora raya las tres del reloj del Sol la mano, y el cura hisopaba ya, señal que acabado había las vísperas.
Torilda	¡Lindo día!

Tirso	Es San Juan. ¿Qué no tendrá? Poca gente ha de venir hoy al baile.
Torilda	Han madrugado, y estará el pueblo cansado, sin hartarse de dormir; que las tardes de San Juan siempre son tan dormidoras, como son madrugadoras las mañanas.
Celauro	Aquí están con tal silencio en palacio, que nadie nos ha sentido.
Carmenio	Habrán a las dos comido, y descansarán despacio.
Tirso	¡Mal hemos hecho en armar hoy el baile acostumbrado, que es, en fin, día cansado.
Carmenio	¡Bueno es eso! Por bailar no comerá una mujer ni dormirá en todo un año.
Torilda	Claro está de cualquier daño la culpa hemos de tener.
Carmenio	¿Si saldrá a vernos Sirena como acostumbra?

Celauro	¿Pues no? ¿Cuándo de alegrar dejó nuestra fiesta, estando buena?
Tirso	Para ser tan principal, y, en fin, dueño del aldea, su conversación recrea desde la seda al sayal. ¿Hay señora más afable?
Carmenio	Muestra al menos que es posible ser grave y ser apacible, ser ilustre y conversable.
Celauro	Pardiez, ella es buena moza. ¡Venturoso el desposado que ha de comer tal bocado!
Tirso	Poco el amor la retoza. No se casará tan presto; que en fe de su libertad, ha dejado la ciudad, y en el ejercicio honesto de esta aldea, gozar deja sin sospechas su edad verde.
Carmenio	El tiempo que agora pierde, llorará cuando sea vieja. Pero volved a cantar, porque si duerme la siesta, despierte, y salga a la fiesta; que es ya hora de bailar.

(Cantan.)

Todos	Buenas eran las azucenas;
	mas las clavellinas eran más buenas.

(Sale Sirena.)

Sirena	Tan buena es vuesa venida
	como la música es buena.
Tirso	A ser la vuesa, Sirena,
	pudiera ser que dormida
	la gente, se descuidara
	de los alegres extremos
	que el día de fiesta hacemos
	en vuesa casa, y tardara
	de venir al baile.
Sirena	¡Bueno!
	Eso es decir que he dormido
	mucho, y que tarde he salido.
Celauro	Por, San Juan, el campo ameno
	dilata a la tarde el sueño
	que por la mañana agrada;
	pero no valemos nada
	sin vos, que sois nueso dueño
	y llama el amor tardanza
	a lo que aun no es dilación.
Sirena	Merécelo mi afición.

(Salen Niso y Clori.)

Niso	Por adónde va la danza

        Iba el otro pescudando
el Corpus, después que había
día y medio que dormía;
y yo le voy imitando,
    porque si no me despierta
Clori, hoy se hace sin mí
la fiesta.

Carmenio   Sentaos aquí,
Niso, mientras se concierta
    el baile.

Celauro   Presto los dos
os pareáis.

Carmenio   Siempre quiero
tener contento al barbero.
Como lo sois, Niso, vos,
    gusto andar a vueso lado,
y contentaros codicio.

Niso   ¿Por barbero?

Carmenio   Es vueso oficio
peligroso y delicado.
    Anda puesta en vuesa mano
la vida, y si se os encaja,
al tumbo de una navaja
podéis tumbar un cristiano

Niso   Y aun por aquesa razón
Dionisio, que no fiaba
de barberos, se quemaba
la barba con un tizón

	a un espejo, pelo a pelo.
Celauro	Ése lo más tenía andado
para puerco chamuscado.
Niso	¡Ved lo que puede un recelo!
Torilda	¡Y lo que un barbero sabe!
No dejará de encajar
su historia en cada lugar,
por cuanto hay.
Clori	Cuando se alabe
de leído, hacerlo pudo;
que no es mucho, quien intenta
aguzar siempre herramienta,
que de aguzar quede agudo.
Tirso	Si el discreto en cualquier parte
dicen que parte un cabello,
¿qué mucho que venga a sello
quien tantos cabellos parte?
Torilda	Todo barbero es picudo.
Celauro	Unos imposibles vi
ayer, y entre ellos leí
pedir un barbero mudo.
Niso	No hablo mucho, pues consiento,
callando, tanto picón.
Sirena	Niso ha tenido razón.
Déjenle y muden de intento.

(Salen Corbato y Fenisa.)

Corbato   Salve y guarde.

Sirena   Bien venido,
alcalde. ¿Cómo tan tarde?

Corbato   ¡Oh señora! Dios la guarde,
y dé un famoso marido.
   Pardiez, que hemos arrendado
unos prados del concejo;
pujólos Antón Bermejo,
y picóse Bras Delgado.
   Volvió a pujarlos más;
y emberrinchéddose Antón,
pególes otro empujón.
Pujó cuatro regles Bras;
   y a tal la puja los trujo,
que aunque los llevó Delgado,
creo, según han pujado,
que quedan ambos con pujo.

Tirso   No ha gastado el tiempo en balde.

Clori   Ni se ha empezado a bailar.

Sirena   Denle al alcalde lugar.

Celauro   Asiéntese aquí el alcalde.

Sirena   Fenisa.

Fenisa   ¿Señora mía?

Sirena	Triste venís, ¿qué tenéis?
Fenisa	Porque la fiesta no agüéis ni el baile de aqueste día, aunque me afrija y me aburra, no he de decir lo que ha habido.
Sirena	Por amor de mí, ¿qué ha sido?
Fenisa	Movió habrá un hora mi burra. Ya su merced la conoce, la mohína...
Sirena	Bien está.
Fenisa	...que cuando al molino va, no hay burro que no reoce. Unos dicen que de ojo, porque era linda criatura; pero yo me atengo al cura, que dice que fue de antojo.
Sirena	¿De antojo?
Fenisa	Como lo pinto.
Sirena	¿Y fue el antojo?
Fenisa	Creo yo, que porque almorzar me vio dos sopas en vino tinto; porque rebuznó al momento y sé yo que come bien

	sopas en vino también.
	Ella, en fin, movió un jumento
	  con su cola y con hocico
	tan acomodado y bello
	que si se lo cuelga al cuello
	su merced, no habrá borrico
	  que tras ella no se vaya.

Sirena	El presente es de estimar.
Fenisa	Hoy juré de no bailar.
Sirena	Jura mala en piedra caya.
Fenisa	Y más en tocando Gil; que si va a decir verdá, a cada golpe que da, me retoza el tamboril.

(Sale Guargueros.)

Guargueros	¿La fiesta se hace sin mí?
Corbato	¿Qué fiesta hay sin sacristán?
Sirena	¡Y más, fiesta de San Juan!
Guargueros	¡Oh señora! ¿Vos aquí? Los cielos salud os den, larga vida, honra y provecho, y un esposo hecho y derecho, per omnia secula, amén
Sirena	Dios os de lo que deseáis,

	Guargueros.
Fenisa	Serán entierros.
Tirso	Aqueso no, doyle a perros.

Guargueros	A lo menos que paráis
	  de dos en dos los infantes
	las mujeres de esta aldea
	el sacristán os desea
	y os caséis antes con antes
	  que es desearos lo mismo
	porque no hay melancolía
	ni pariente pobre el día
	que es de boda o bautismo.

Niso	¿Que hay de bodigos, Guargueros?
Guargueros	Bueno ha estado el pie de altar.
Sirena	¿Qué hace el cura?

Guargueros	Repasar
	antífonas y dineros,
	  con unos antojos viejos
	y un sombrero con más grasa
	que el arroz que hacéis en casa.
	Ha dado en criar conejos,
	  y va a verlos al corral,
	donde tal vez, si se enoja,
	el báculo les arroja
	y al que alcanza por su mal,
	  le sentencia al asador;
	y a un salmorejo que el ama

	hace, con que la sed brama,
	hasta que aplaque el calor
	un sabroso ojo de gallo
	que saltando con pies rojos,
	se quiere entrar por los ojos.
Sirena	¡Qué bien sabéis aballo!
Guargueros	Harto mejor sé beberlo.
Celauro	¡Linda vida rompe un cura!
Guargueros	Es regalada y segura.
	No me muera yo hasta serlo.
Niso	¿Hemos de jugar un rato?
Guargueros	Ajedrez no, damas sí.
Niso	Vaya, pues, sentaos aquí,
Torilda	Juego donde no hay barato
	no es bueno.
Niso	Venga el tablero.
Sirena	¡Qué ordinaro es cada vez
	jugar damas o ajedrez
	un sacristán y un barbero!
Guargueros	Un peón me habéis de dar
	y tablas.
Niso	Aqueso no,

	media pieza os daré yo.
Guargueros	Las tablas quiero soltar, y dadme la pieza entera.
Niso	Vaya, y no os quejéis de mí.
Corbato	¿Qué hacéis los demás aquí? Echemos el pesar fuera. ¿Hay naipes?
Celauro	Donde yo estoy, ¿pueden faltar?
Carmenio	Claro es.
Corbato	Juguemos los cuatro, pues.
Tirso	¿Qué juego?
Corbato	Flor, o rentoy.
Celauro	Va al rentoy. Tended la capa.
Carmenio	Dos contra dos.
Corbato	Claro está.
Celauro	Carmenio, pasaos acá.
Tirso	¿Juega bien?
Celauro	Mejor que el papa.

(Juegan a las damas Guargueros y Niso, y sobre una capa en el suelo, Corbato, Celauro, Carmenio y Tirso, y A otra parte, alrededor de Sirena que está en una silla, sentadas en el suelo parlan Torilda, Clori y Fenisa.)

Sirena	Clori, ¿cómo va de tela?
Clori	Ya está empezada a tejer.
Sirena	¿Es delgada?
Clori	¿Qué ha de ser si, como murió mi abuela, no me ha vagado el hilar y así saldrá poca y gruesa.
Sirena	De vuestros males me pesa. Está bueno el palomar, Fenisa?
Fenisa	Hay poca alcarceña, y culebras y estorninos me comen los palominos.
Sirena	¿Qué, no hay ganancia?
Fenisa	Pequeña.
Niso	Coma vuesarcé esa dama, comeréle cuatro yo.
Guargueros	¡Par Dios que me la pegó!
Sirena	¿Y el niño, Torilda?

Torilda	A un ama le he dado, señora mía; que yo crío al de un marqués.
Sirena	Mal hacéis.
Torilda	El interés, y el dar leche a un señoría de quien espero favor, hace que a mi hijo olvide.
Sirena	No es madre aquella que impide con interés el amor. Clori, ¿tenéis muchos gansos?
Clori	Gansos y pavos, señora, he dado en criar agora.
Sirena	Provechosos son y mansos. ¿Qué tantos tendréis?
Clori	Tendré como obra de dos docenas.
Corbato	Rentoy.
Celauro	¿Tenéis cartas buenas?
Carmenio	Así, así.
Corbato	Rentoy.
Carmenio	¿Querré?

Celauro   Sí.

Carmenio   Pues quiérole...

Corbato   Perder.

Celauro   La malilla.

Corbato   Rendivuy.

Carmenio   Non rendire, permanfuy;
                   que aun otro luego ha de haber.

(Dentro.)

Carlos   Tené este estribo.

Sirena   Éste es
                   Carlos.

Fenisa   Ya yo me espantaba
                   que nuestra fiesta olvidaba.

(Sale Carlos y levántanse todos.)

Celauro   Quédese para después
                      el juego.

Carlos   ¡Prima, Sirena!

Sirena   Ya yo, Carlos, os quería
                   acusar la rebeldía.

Carlos   Sin culpa fuera esa pena.

Sirena	¿Sin culpa, día de San Juan, y mi primo estar sin ver a quien por sola y mujer, los que en este pueblo están vienen a hacer compañía?

Carlos	Unas cartas de importancia
	 que he despachado al de Francia,
	 envidiosas, prima mía,
	    del gusto que tengo en veros,
	 el tiempo me han ocupado.
	 ¡Oh Tirso, oh alcalde honrado!
	 ¡Niso, Carmenio, Guargueros,
	    Clori, Torilda, Fenisa!
	 Donde vosotros estáis,
	 ¿qué falta un mi ausencia halláis?

Corbato	Por Dios que es cosa de risa la fiesta y conversación do no está su señoría.
Fenisa	Sin él la mejor es fría.
Carlos	Todo es pagar mi afición. Ea, vuélvanse a poner los bolos en su lugar. Volveos todos a sentar, a jugar y entretener.

(Se vuelven á sentar como estaban primero, menos las pastoras, que se apartan de Sirena, la cual habla con Carlos, silla a silla.)

Tirso	Pardiez, pues nos da licencia,

	que hemos de acabar un juego.
Carlos	Jugad, y báilese luego.
Guargueros	Yo he perdido la paciencia, Y he de ver si aquesta vez la desquito
Carlos	¿Qué es, Guargueros? ¿Habéis menester dineros?
Guargueros	Pocos gasta el ajedrez; mas se juega por la honrilla. Yo agradezco la merced.
Niso	Entable vuesa merced.
Carmenio	Siempre os entra la malilla.
Guargueros	Yo abriré el ojo de suerte, que no me sopléis más pieza.
Carlos	Mi bien, sin vuestra belleza, todo es pena, todo es muerte. Sola una legua que dista mi castillo de Peñalba de este lugar, donde el alba amanece en vuestra vista; cuando os vengo a ver, se me hace una peregrinación prolija. La dllación que del no gozaros nace, con pinceles del deseo pinta en lienzos del temor

    lejos y sombras de amor,
que en cortas distancias veo.

Sirena   No son, mi esposo, diversos
los pensamientos prolijos,
del amor que os tengo, hijos.
¡Qué de lisonjas y versos
    digo al Sol porque se vaya,
y en la noche su luz borre,
dándole porque no corre,
para que se corra, ¡vaya!
    ¡Qué de veces que le riño,
porque contra mi consejo,
madrugando como viejo,
nace y llora como niño!
    Suelo decirle que guarde
en su autoridad la ley,
pues es de los cielos rey,
y el rey se levanta tarde;
    que de su poco amor pienso
que es mentira lo que de él
publica Dafne en laurel,
como Leucóthoe en incienso,
    y que si a Clicie quisiera,
y su amor no le enfadara,
de madrugar se cansara
y en sus brazos se durmiera.
    En fin, porque salga menos,
le ruego que a los caballos
les hurte al aparejallos,
Mercurio sillas y frenos;
    y todo es por el deseo
que con la noche cumplís,
esposo, cuando venís,

      y en vuestros brazos poseo
        gustos que el temor limita,
      y el Sol, de envidioso, loco,
      para que los goce poco,
      madrugando me los quita.

Carlos   Ya, Sirena de mis ojos,
      que el duque se ha desposado,
      y mudando de cuidado
      nuda mis penas y enojo;
        sin el peligro y temor
      que hizo mudo al secreto,
      tendrá el esperado efeto
      nuestro venturoso amor.
        Un año ha que a vuestro llanto
      pone fin y a mi fatiga
      la noche, discreta amiga,
      pues calla y encubre tanto,
        sin que hayamos parte dado,
      por lo que el peligro enseña,
      ni vos a doncella o dueña,
      ni yo a amigo o criado.
        Las fuentes de aquel jardín
      son solas las que aseguran
      nuestro amor que, aunque murmuran,
      es entre dientes al fin.
        Ellas saben solamente
      el temor que en perseguiros
      el duque, dio a mis suspiros
      otra más copiosa fuente.
        ¡Qué de veces les di cuenta
      de los celos y temor
      con que mi competidor
      nuestros amores violenta;

    y pidiéndoles consejo,
como si pudieran dalle,
hice alarde de mi talle,
siendo sus vidros mi espejo;
    porque advirtiendo mis faltas,
pudiese conjeturar
qué partes podía envidiar,
en él, más perfetas y altas!
    Y aunque os parezca arrogancia,
Mas de una vez al mirarme,
dije: «¿Quién puede igualarme
en cuerpo y ingenio en Francia?».
    Y si el temor no me engaña,
más de dos me pareció
que el agua me respondió:
«¿Quién? ¡El duque de Bretaña!»
    De aquesta suerte he pasado
un año, Sirena mía,
siempre aguando mi alegría
el temor desconfiado,
    hasta que cansado ya
de cansaros, se casó
el duque, y alientos dio
a mi esperanza, que está
    lozana, alegre y gozosa;
pues sin estorbo, Sirena,
os llamará a boca llena
y no con temor, esposa.

Sirena	¡Qué largo se me ha de hacer, por corto que sea, ese plazo!
Niso	Soplo aquésta.

Guargueros	Soy un mazo.
Celauro	Rentoy.
Corbato	Hele de querer.
Guargueros	Tablas son. ¿Qué hay que esperar? La calle tengo de en medio y una dama. ¿Qué remedio?
Niso	Juegue, y comience a contar las tretas; que tengo yo tres damas, y la forzosa verá a seis tretas.
Guargueros	¡Donosa flema!
Corbato	Gran juego ganó.
Fenisa	Torilda, daca el pandero, que los quiero despertar, si es que habemos de bailar.
Torilda	Saca al sacristan primero.

(Levántase Fenisa, y cantando al son del pandero, saca a Guargueros.)

Fenisa	¡Ah mi señor Guargueros! ¡Salga y baile!

(Responde Guargueros sentado, cantando al son de una pieza con que toca el tablero.)

Guargueros	Por vida de Guargueros, que tal no baile.

Todos	Salga al baile, salga al baile.
Guargueros	En entablando otro juego.
Corbato	No, Guargueros, salí luego.
Guargueros	No haré, por vida del fraile.
(Cantando.)	
Fenisa	¡Ah mi señor Guargueros, cuerpo garrido, deje el juego, pues al baile le convido.
Guargueros	No puedo, porque he perdido cuatro reales.
Fenisa	¡Ah mi Guargueros! ¡Salga y baile!
Guargueros	Que por vida de Guarguerico, que tal no baile.
(Dentro.)	
Duque	Avisad a la marquesa.
Sirena	O mi sospecha me engaña, o es el duque de Bretaña.
Carlos	¡Apenas un temor cesa, cuando entran en su lugar sin número los recelos! ¡Oh, cadenas de los celos, que os habéis de eslabonar!
Sirena	Mi bien, tu esposa soy, deja

	el temor.
Carlos	Soy desdichado, mozo el duque, enamorado, tú mujer, justa mi queja. ¿Qué he de hacer sino morir?
Sirena	Sufre y calla, si eres cuerdo.
Carlos	Hoy, Sirena, el seso pierdo, ¿y he de callar y sufrir?

(Salen el Duque y Floro.)

| Duque | Ya que a darme no habéis ido los parabienes, Sirena, si es bien darlos a la pena que en vuestra ausencia he tenido, y por verme con estado y esposa no os conformáis con los demás, y os holgáis, que sí haréis, que haya cuidado que a mi amor pueda obligalle a que de vos se divierta; porque advirtáis que no es cierta vuestra sospecha, a Belvalle vengo a veros y podré daros con más fundamento de mi nuevo casamiento el parabién, pues que fue para bien vuestro el casarme, conforme a vuestra opinión; que con tan poca afición obligó a desesperarme. |

(Aparte.)   (Y para mal de mi amor;
                  que siendo en mí más terrible,
                  halla el remedio imposible
                  cuando su fuego es mayor.)

Sirena   Vueselencia, pues es sabio,
                  en mi podrá disculpar
                  el no haberle ido a dar
                  parabienes, pues no agravio
                     la obligación que confieso,
                  si mi impedimento ha sido
                  estar sin padre y marido.

Duque (Aparte.)   (Yo sin esperanza y seso.)

Sirena   Goce un siglo prolongado
                  de la duquesa Leonora
                  la gracia que en ella mora
                  vueselencla, y noble estado;
                     que de su buena elección
                  ha llegado acá la fama.
                  De muy discreta y muy dama
                  tiene en Bretaña opinión;
                     y según esto, mal hace
                  en dejar vuestra excelencia,
                  por venir acá, presencia
                  de quien tanto valor nace;
                     pues siendo ya prenda suya,
                  justamente pedirá,
                  si en nuestro poder está,
                  que yo se la restituya.

Duque   Siempre vos, bella Sirena,
                  dando a mis tormentos copia,

	por no tenerme por propia,
	me llamastes prenda ajena.
	¡Oh, Carlos! ¿Acá estáis vos?
Carlos	Parentesco y vecindad
	en aquesta soledad,
	señor, nos junta a los dos.
	El ver tan sola a mi prima
	me obliga a mirar por ella.
Duque	Yo no solo vengo a vella,
	sino por lo que la estima
	mi persona. Ya que tengo
	estado, en razón juzgué
	que a Sirena se le dé.
	Por esto a Belvalle vengo,
	pues cuando el marqués murió,
	su padre dejóle al mío
	encargado lo que fío
	sabré por él cumplir yo.
	No está Sirena aquí bien,
	sujeta a agravios y enojos;
	mientras que pongo los ojos
	y la voluntad en quien
	la merezca, me parece
	que en la duquesa hallará
	más recreo, y la tendrá
	en el lugar que merece.
	Ella lo desea mucho,
	y os está bien a los dos.
Carlos	(¿Estáis contento, Amor dios?
	¡Con qué de sospechas lucho!
	Apenas he visto el puerto,

	cuando me vuelvo a engolfar.
	Si de celos es el finar,
	y hay tormenta, yo soy muerto.)
Duque	Que siga mi corte quiero
	Carlos también; que se queja
	porque de alegrarla deja
	tan notable caballero.
Carlos	Beso tus pies. Siempre huyo
	la corte y su confusión.
Duque	No hacéis bien, porque es razón
	darle al tiempo lo que es suyo.
	A una vejez jubilada
	le está bien tanta quietud,
	no a la noble juventud,
	oor cortesana estimada.
	El ver allá a vuestra prima,
	pues la tenéis en lugar
	de hermana, os ha de obligar.
Carlos	Y el hacer yo justa estima
	de lo que vos, gran señor,
	mandáis.
Duque	Para entreteneros
	entre mozos caballeros,
	sois mi cazador mayor.
Carlos	Honrándome de esta traza
	pondré a Peñalba en olvido.
(Aparte.)	(Cazador soy; si has venido,
	duque, a espantarme la caza,

	no harás presa en el amor
	que en ofensa mía deseas,
	oues por cazador que seas,
	soy yo cazador mayor.)
Duque	¿Qué me respondéis, señora,
	a lo que he determinado?
Sirena	Puesto me habéis en cuidado
	no sé lo que os diga agora,
	sino agradecer la estima,
	gran señor, que de mí hacéis.
Duque	Ya, Carlos, la razón veis
	que hay para estar vuestra prima
	en más decente lugar,
	y la voluntad que os muestro.
	Hoy he de ser huésped vuestro;
	mañana os he de llevar
	a la corte. La duquesa
	lo quiere, Sirena, así.
Sirena	Quisiera tener aquí,
	por lo mucho que interesa
	con tal huésped esta casa,
	lo que en vuestra corte sobra;
	pero siempre el deudor cobra
	mal de hacienda que es escasa.
(Aparte.)	(¡Ay, Carlos, y cómo siento,
	lo que aquí sintiendo estás!)
Carlos (Aparte.)	(A mi enemigo, Amor, das,
	cruel, casa de aposento.
	La sospecha que me abrasa,

	hoy de mi honor me ha de hacer perro. Ladrar y morder sabré por guardar la casa.)
Fenisa	En fin, ¿el baile se queda...?
Corbato	Está el lugar enducado; todo con verle ha cesado.
Clori	¡Mal haya el oro y la seda que así entristece el sayal!
Sirena	Vueselencia, gran señor, entre en su casa.
Tirso	Mijor será echar a fuera el mal. Cantemos.
Duque	Id vos delante; pues sois luz, Sirena bella. Alumbraréisnos con ella.
Guargueros	¡Bravo dicho!
Niso	Es estudiante.
Carlos (Aparte.)	(Vivid alerta, mi honor; no sufráis que en la marquesa haga la deshonra presa, pues sois cazador mayor.)
(Cantan.)	

Todos	Buenas eran las azucenas;
	mas las clavellinas eran más buenas.

(Vanse todos. Salen Leonora, Ludovico y un Paje y una Dama, retirados.)

Leonora	¿Tan presto el duque me engaña?
Ludovico	La primera voluntad
	Es la que siempre acompaña
	a alma.
Leonora	Si eso es verdad,
	¿para qué vine a Bretaña?
	Mejor me estaba en Borgoña.
Ludovico	No es mucho que sintáis tanto
	los celos, que sois bisoña,
	y suele aplacar el llanto
	la fuerza de su ponzoña.
	Es la marquesa Sirena
	mujer de tanto valor,
	que os puede aplacar la pena,
	y agora mucho mejor
	que es el duque prenda ajena;
	pues cuando libre no pudo
	ser bastante la promesa
	del santo y conyugal nudo,
	ni el esperar ser duquesa
	de Bretaña, a que el desnudo
	amor del duque encender
	pudiese en su pecho llama,
	ya menos ha de querer
	admitir nombre de dama
	quien no admitió el de mujer.

Leonora	No sé en eso el natural
de su voluntad incierta.
Una mujer principal
sé yo que tuvo una huerta,
y en ella un bello peral,
  cuya fruta apetecida
hasta del mismo rey era,
sin que a ella en toda la vida
se le antojase una pera,
ni preñada ni parida.
  Las puertas le desquiciaban
de noche, y por ir a hurtar
la fruta, le desgajaban
el pobre árbol, que a guardar
los de casa no bastaban
  y, viendo que cerca y puerta
eran flaco impedimento
para no tenerla abierta
de noche al atrevimiento,
vendió a un vecino la huerta.
  Luego pues que la vio ajena,
la que peras no comía,
tuvo por peras tal pena,
que en su mesa cada día
eran su comida y cena.
  Ved si con ejemplo igual
en Sirena podrá hacer
la privación otro tal,
siendo en el gusto mujer,
y viendo ajeno el peral.

Ludovico	Mientras que fuere rogada,
no os tengáis por ofendida,

	porque la más recatada
se enamora aborrecida,
y aborrece recuestada.
Leonora	Ludovico, esa ignorancia
no es de vuestra discreción.
¿Que Sagunto o qué Numancia
no conquistó la Ocasión,
y más con perseverancia?
Vence el Amor que porfía,
y el oro todo lo merca;
y aun por aqueso quería,
para gozarla más cerca,
tenerla en mi compañía.
Ludovico	¿Eso, señora, os pidió?
Leonora	Dice que la tiene a cargo,
porque se la encomendó
con un discurso muy largo
su padre cuando murió,
y que por esta ocasión,
y porque yo me entretenga,
y goce su discreción,
gusta que a la corte venga.
¡Ved lo que los hombres son!
Ludovico	Eso os está bien, señora;
porque si tenéis en casa
a vuestra competidora,
podréis saber lo que pasa
y ser vos su guardadora.
Sed espía y centinela.
Sirena en palacio esté;

	que amor que sospecha y vela,
	menos siente el mal que ve,
	que el que dudoso recela.
Leonora	Ése es consejo extremado.
	En seguirle me he resuelto;
	que un contrario declarado
	más mal hace estando suelto,
	que no cautivo y atado.
	Vamos atajando engaños
	a costa de mis desvelos;
	que al fin viendo yo mis daños,
	por no llorar entre celos,
	lloraré entre desengaños.
	¿Cuánto está de aquí el lugar
	adonde vive esa dama?
Ludovico	Seis millas debe de estar
	de aquí.
Leonora	¿Belvalle se llama?
Ludovico	Bello se puede llamar
	porque es bella recreación.

(Al Paje.)

| Leonora | ¡Hola! Aderezadme un coche. |

(Vase el Paje.)

| Ludovico | ¿Qué es, señora, tu intención? |
| Leonora | Traera a casa esta noche, |

	que daña la dilación.
	Yo sé que el duque está allá.
	Si es tan cerca, yendo, impido
	lo que amor temiendo está.
(A la Dama.)	Lorena, dame un vestido
	de camino.

(Vase la Dama.)

| Ludovico | ¿No será |
| | justo pensarlo mejor? |

Leonora	No, que si no vamos luego
	dando al remedio calor,
	por lo que tiene de fuego
	suele apagarse el amor.

(Vanse los dos. Sale Carlos, vestido de pastor y rebozado.)

Carlos	Un año, cielos, ha que Amor me obliga
	a la dicha mayor que darme pudo;
	que, en fin, de puro dar anda desnudo
	y por tener que dar, pide y mendiga.
	A Sirena me dio, porque le siga,
	en amoroso e indisoluble nudo;
	mas con tal condición, que siendo mudo
	goce callando. ¿Vióse tal fatiga?
	Callar y poseer sin competencia,
	aunque el bien es mayor comunicado
	posible cosa es, pero terrible;
	mas que tanto aquilaten la paciencia
	que oblliguen, si el honor anda acosado,
	a que calle un celoso, es imposible.

(Sale Sirena, a la ventana sin ver a Carlos.)

Sirena
¡Qué de mercedes no hubiera hecho
Naturaleza, madre verdadera
si porque el corazón se descubriera,
rasgara una ventana en nuestro pecho!
   Industria hubiera sido de provecho
pues mirándola Carlos, descubriera
mi amor incontrastable, y estuviera
en lugar de celoso, satisfecho.
   ¡Qué de males cesaran, qué de enojos
si no estuviera el corazon secreto!
Pero esta condición ya está cumplida;
   ventanas son del corazón los ojos
por donde verá Carlos, si es discreto
que es el duque mi muerte, y él mi vida.

(Sin ver a Sirena.)

Carlos
Sirena para excusar
la sospecha que me abrasa,
al duque dejó su casa,
pues no la quiere él dejar.
   A ésta se pasa, ¿y quién duda
que en fe de su lealtad,
por no mudar voluntad
mi esposa, la casa muda?
   ¿Si dormirá? Pero ¿cómo,
conociendo mis desvelos,
y sabiendo que los celos
son pesadilla de plomo?
   Mas sí hará; que es pretendida
del duque a quien desvanece,
y la que más aborrece,

| | se huelga de ser querida.
| | Hacedla, si duerme, cielos,
| | y con ruegos os obligo,
| | que no sueñe en mi enemigo,
| | que aun soñado, me da celos.

Sirena   Quejas en la calle siento.
         Si será Carlos? ¿Quién duda?
         Un año ha que por ser muda,
         hago mayor mi tormento.
            No oso hablar; que estoy agora
         en casa villana, y sé
         que desde que nació, fue
         la malicia labradora.
            ¡Ay cielos! ¿Si será él?
         Desde aquí quiero escuchalle.

Carlos   Ya que me mandan que calle,
         medio, aunque sabio, cruel,
           si quejándose el mal mengua,
         oíd, cielos, mis enojos;
         que aunque estéis sembrados de ojos
         o estrellas, no tenéis lengua.
            Yo, ha un año que en posesión
         gozo a un ángel; pero en duda
         que se mude...

Sirena   No se muda
         la angélica perfección.

Carlos   ¡Válgame Dios! ¿No es Sirena
         la que mi mal satisface,
         y en ausencia del Sol hace
         la noche clara y serena?

                        ¿Sois vos, mi bien?

Sirena   No lo sé,
            pues no hacéis de mí confianza.

Carlos   Navego, temo mudanza;
            en el mar de Amor no hay fe;
              culpo mi sospecha loca,
            mas no me oso asegurar.

Sirena   De que se alborote el usar,
            poco se le da a la roca.

Carlos   Ya yo sé que vence ella
            la firmeza siempre viva;
            pero aunque no la derriba,
            suele en la roca hacer mella,
              y basta para perder
            la opinión joya estimada;
            que mellada honra o espada,
            ¿qué valor ha de tener?
              Que aunque firme se autoriza,
            por más que el mar la combata,
            puesto que nunca la abata,
            al ménos la esteriliza.
              ¿Dó hallaréis peña mi amor,
            si el mar furioso la alcanza,
            que al abril de la esperanza
            permita yerba ni flor?
              ¿Qué importa, esposa querida,
            que inmóvil permanezcáis,
            si a la corte al fin os vais
            a ser siempre combatida,
              donde yo en celos eternos

	estéril vuestro amor vea,
	pues aunque el alma os posea,
	será ya imposible el vernos?
	Mudáis de casa y lugar.
	No sin causa temo y dudo.
Sirena	Mi bien, sitio, no amor mudo.
Carlos	Al fin, Sirena, es mudar.
	En la corte cada día
	se muda todo; el lenguaje,
	el sitio, el estado, el traje,
	la amistad, la cortesía,
	la privanza, el querer bien.
	Por eso el que os vais rehuso;
	que vos por andar al uso,
	os querréis mudar también.
Sirena	Antes tendrá más [sustancia]
	allá la firmeza mía;
	que toda mercaduría
	baja donde no hay ganancia,
	y si, en la corte dicho has,
	hay tan poca fortaleza,
	claro está que mi firmeza,
	por sola, ha de valer más.
Carlos	¿Ya habláis del valor? Temer
	puedo que saldréis ingrata,
	porque quien del precio trata,
	no está lejos de vender.
	Mas, iay, amores! No trates
	de injuriarte de tu esposo;
	que él loco, amante y celoso

    cuanto dice es disparates.
      No puedo más. ¿Qué he de hacer?
Ya no peleo con Amor,
sino con celos de honor,
gigantes que harán temer
    al corazón más valiente.
Llévate el duque a su casa,
téngote de ver por tasa;
sin ella has de estar presente
    a sus importunos ruegos
¿qué mucho que tema, pues?

Sirena   Carlos mío, poco ves;
que también hay celos ciego.
    Para la seguridad
de mi fama y de tu honor,
¿puede haber cosa mejor
que llevarme a la ciudad?
    ¿En qué fortaleza habito,
que pueda hacer resistencia
a la amorosa violencia
de un poderoso apetito?
    ¿Tiene de poder Belvalle
y cincuenta labradores,
a pesar de sus amores
defenderme y ausentalle?
    Dirás que no, claro está
pues si a la ciudad me lleva,
donde la duquesa nueva,
que debe de saber ya
    el fuego que al duque enciende,
guardarme ha de pretender.
¿Qué temes, si una mujer
recelosa me defiende?

| | ¿Hay vida tan cuidadosa
que asegure tus enojos?
¿Hay Argos tan lleno de ojos
como una mujer celosa?
   Pues ¿qué temor te acobarda,
si aquí segura no estoy,
y he de llevar donde voy
un ángel el tras mí de guarda?
   Yo le diré a la duquesa
lo que le conviene estar
cuidadosa, y estorbar
lo que su amor interesa,
   y andando yo cada día
guardada de una mujer,
es lo mismo que tener
tu honor en una alcancía. |
|---|---|
| Carlos | ¿Qué importa, si no he de hablarte,
querida Sirena, más? |
| Sirena | Pues ¿quédaste aquí? ¿No vas,
Carlos, a la misma parte?
   ¿Puede haber inconveniente
que al fin un primo no acabe?
¿Qué puerta hay jamas con llave
para el amor que es pariente?
   ¿No eres cazador mayor?
Busca, vela, ronda y traza,
que sin trabajos no hay caza,
ni sin diligencia amor. |

(Salen el Duque y Floro, de noche.)

| Duque | ¿Qué importa que me aconsejes, |

	si yo muriéndome estoy?
Floro	¿No eres duque?
Duque	Amante soy.
Floro	Por lo más es bien que dejes lo menos.
Duque	¿Cuál es lo más?
Floro	Ser duque.
Duque	¿Que ser amante?
Floro	¿Pues no?
Duque	Eres ignorante; no he de admitirte jamás a cosa del gusto mío. ¿Amor no es Dios?
Floro	Esa fama tiene acerca de quien ama.
Duque	Luego has dicho un desvarío; que si Amor en sí trasforma al amante, claro está que Amor, lo que soy será: yo la materia, él la forma. Y si de dios tiene nombre, ¿cuál es mejor de los dos? ¿El que amando es con él dios, o el duque, que al fin es hombre?

Floro   Lo que yo sé es que te engaña
el frenesí de tu pena.

Duque   Dios soy amando a Sirena,
y no duque de Bretaña.

(Hablan aparte Carlos y Sirena.)

Carlos   El duque es éste.

Sirena   ¡Ay de mí!
Carlos mío, vete luego.

Carlos   ¿Tocan los celos a fuego,
y he de partirme de aquí?
   No me está bien esa traza;
que soy cazador mayor,
no es cuerdo cazador
el que huye y deja la caza.

Sirena   ¿Si te conoce?

Carlos   El disfraz
que traigo, y la noche oscura,
de ese temor me asegura.

Sirena   ¡Ay esposo! Vete en paz,
  o iréme yo. No me vea.

Carlos   El huír es claro indicio,
Sirena, del maleficio.
También se ama en el aldea.
   Finge que Fenisa eres,

	y haré que Carmenio soy.
Sirena	Mala fingidora soy.
Carlos	Pues bien fingís las mujeres.
Sirena	¿Qué sacas de que aquí esté?
Carlos	Defender pared o puerta, viendo que hay gente despierta, cuando tan perdido esté el duque, que hacer intente lo que el amor y el poder por obra suelen poner.

(Hablan aparte el Duque y Floro.)

Duque	Escucha, en la calle hay gente.
Floro	También rondan labradores; que contra el sueño y trabajo suele tomar a destajo esta gente sus amores.
Duque	¿No es la casa del alcalde ésta en que Sirena está?
Floro	Pienso que sí.
Duque	¿Quién será?
Floro	Quien por no pagar de balde la ventana, ve la fiesta de noche.

Duque   En fin, ni al sayal,
                ni a la seda principal,
                ni a villana o dama honesta
                   Amor de noche preserva.

Floro   No hay quien no la pague escote,
                porque es la noche un pipote,
                señor, de toda conserva.

Duque   ¿Qué hablarán?

Floro   Cosas de risa
                con que entretengan su mal;
                él requiebros de sayal,
                y ella favores de frisa.

Duque   Oigámoslos. Dios tirano,
                ¿por qué ha de amar un pastor?

Floro   Porque es hombre.

Duque   No es amor
                bocado para un villano.

(Levantando y fingiendo la voz hablan Carlos y Sirena.)

Carlos   En fin, ¿que no hay quillotrar
                a vueso padre, Fenisa,
                para que un di-santo a misa
                Guargueros nos venga a echar
                   la tribuna abajo?

Sirena   No.

Carlos   Hello por fuerza.

Sirena   Eso es malo,
que tien el mando y el palo.
¿No soy vuesa mujer yo?
        ¿De qué diabros heis querella?

Carlos   Mas ¿de qué no la he de her?
De noche sois mi mujer,
y de día sois doncella.
        A medias estó casado.
Yo busco mujer entera,
mi Fenisa, dentro o fuera.

(Aparte con el Duque.)

Floro   ¡Labrador determinado!

Duque   A haberlo yo, Floro, sido,
no tuviera que temer.

Floro   Habla, por ser su mujer,
con libertad de marido.
        No lo es tuya la marquesa.

Carlos   ¿Entraré?

Sirena   Lo dicho dicho.
Esta noche hay entredicho.
Sabe el Amor que me pesa
        ¡Mal haya Sirena, amén!

Carlos   No la maldigas, que es linda.

Sirena	¿Es bella?
Carlos	¡Como una guinda! ¡Par Dios que la quiero bien!
Sirena	No gusto yo mucho de eso.
Carlos	Ya que hayas de maldecir, sobre el duque puede ir, porque es nuestro sobrehueso, que esta noche nos estorba.
Sirena	Como ésas nos ha estorbado.
Duque	Yo vengo a ser el culpado.
Sirena	Mala landre que le sorba ¿No tiene ya su mujer? ¿Qué diabros nos quiere aquí?
Carlos	Como no vuelva por sí, palos debe de querer.
Duque	¿Yo palos?
Floro	Esto va malo. Aunque entre los labradores las bubas y los amores se sanan tomando el palo.
Sirena	Palos a un duque es pecado.
Carlos	En dando en ser cascabel,

	yo le apalearé á él,
	y no tocaré al ducado.
	¡Si me estuviese escuchando...!
Sirena	¿Pues para qué?
Carlos	¿No podía,
	viendo que en casa dormía
	Sirena, andarla rondando?
Sirena	Pardiobre, por más que ronde
	no temas que la trabuque.
Carlos	¿No, Fenisa, siendo un duque?
Sirena	Ni un rey, ni un papa, ni un conde.
Duque (Aparte.)	(Todos son historiadores
	de mi desdicha.)
Carlos	Sirena,
	duerme sin cuidado y pena.
	Amor en los labradores,
	si se agarra y da en costumbre,
	no se puede soportar
	las tapias quiero saltar
	y aliviar la pesadumbre.
Sirena	¿Estás loco?
Carlos	Loco estó.
	Yo soy vuestro esposo y dueño;
	aténgome al matrimeño.
	¡O sois mi mujer, o no!

Sirena	Ruido suena, padre llama
la gente; voyme a acostar.
Carlos	¿Y qué he de her yo?
Sirena	¿Qué? Esperar,
que es costumbre de quien ama.
Carlos	¿Cuándo habrarémos los dos,
ya que así mi fuego atizas?
Sirena	Más días hay que longanizas.
En yéndose el duque. Adiós.
(Vase Sirena.)	
Duque	Floro, con la ayuda de este,
que, en fin, es ladrón de casa,
el fuego que así me abrasa,
podrá ser no me moleste.
¡Ah de la calle! ¿Quién va?
Carlos	¡Ah de la calle! ¿Quién viene?
Duque	Quien cerrado el paso tiene.
Carlos	Pasos abrimos acá.
Es el monte más cerrado.
Duque	¿Con quién hablabais aquí?
Carlos	¿Confesáisme vos a mí,
que pescudáis mi pecado?

Duque	Ea, no repliquéis más. ¿Con quién hablabais?
Carlos	¡Buen cuento! En los diez no hay mandamiento que nos mande: «No hablarás».
Duque	Pues yo os lo mando.
Carlos	¿Sois vos más que los diez mandmientos?
Duque	Ahorremos de fingimientos, y advertid que somos dos, y vos uno.
Carlos	Uno, y no manco.
Duque	Haced lo que os digo, pues.
Carlos	Dos sois y conmigo tres. Aun no hay para pies a un banco. ¿Qué queréis?
Duque	En casa ajena y donde el alcalde vive, y por huéspeda recibe a la marquesa Sirena, es notable desacato que a su ventana habléis vos.
Carlos	Perdonadme, que par Dios, que sois lindo mentecato.

Duque	Villano, ¿sabéis quién soy?
Carlos	Del duque me parecéis
en el traje que traéis.
Por él este nombre os doy.
Duque	¿Por qué el duque lo merece?
Carlos	Porque si fue recuestada
Sirena para casada,
y aun con esto le aborrece,
¿qué tien ya que responder
si se ha casado con otra?
¿Ha de gustar ser quillotra
quien no quiso ser mujer?
Duque	¿Quién os mete a vos en eso?
Carlos	¿Quién? El que a vos os metió
en reñirme si habro o no.
Los dos estamos sin seso,
y así dándomos por buenos,
irmos es cosa barata;
qe es un asno quien se mata,
cal vos, por duelos ajenos.
Duque	¿Y si fuese el duque yo,
a quien habéis eso dicho?
Carlos	Si sois vos, lo dicho dicho.
Duque	¿No os desdiréis de ello?

Carlos	No. Pocas veces me desdigo, porque de honrado me precio.
Duque	Ni sois cobarde, ni necio; yo quiero ser vuestro amigo. ¿Quereis vos?
Carlos	Si me estuviere bien, podrá ser que lo sea.
Duque	¿Y estaráos bien?
Carlos	Cuando os vea, y vuestro estado supiere.
Duque	Decidme pues vuestro nombre.
Carlos	Vos proponéis el partido. Lo que me pedís os pido.
Duque	¿Has visto, Floro, tal hombre? Ahora, yo os he menester. La necesidad me obliga a que estado y nombre os diga.
Carlos	Mal podéis mi amigo ser, si os fuerza necesidad; que amistad interesable jamás ha sido durable.
Duque	¿No se obliga una amistad con buenas obras?

Carlos	A veces;
	más después de recebida,
	o se paga mal u olvida.
Duque	Labrador, más me pareces
	filósofo que villano.
Carlos	Lo uno y otro puede ser.
Duque	¡Qué de ello te he de querer,
	si me remedia tu mano!
	Discrecián tienes extraña,
	aficionado te quedo.
	Sacarte del sayal puedo,
	que soy duque de Bretaña.
Carlos	¡Válgame Dios! ¿Que el duque es?
	Perdone su rabanencia,
	que la noche da licencia,
	y deme a besar los pies
	desde aquí.
Duque	Llégate más.
Carlos	Hame dado una lición
	la fábula del león.
	Ya tú, señor, la sabrás.
	Estaba viejo una vez
	y tullido; que no es nuevo
	quien anda mucho mancebo
	estar cojo a la vejez.
	Como no podía cazar,
	y andaba solo y hambriento,
	temitió al entendimiento

los pies que solían volar;
   y llamando a cortes reales,
mandó por edito y ley
que atendiendo que era rey
de todos los animales,
   acudiesen a su cueva.
Fueron todos, y asentados,
Dijo: «Vasallos honrados,
a mí me han dado una nueva
   extraña, y que me provoca
a pesadumbre y pasión,
y es que dicen que al león
le huele muy mal la boca.
   No es bien que un supuesto real,
de tantos brutos señor,
en vez de dar buen olor,
a todos huela tan mal.
   Y así buscando el remedio,
hallo que a todos os toca
que llegándoos a mi boca
veáis si al principio o medio
   alguna muela podrida
huele mal, porque se saque,
y de esta suerte se aplaque
afrenta tan conocida».
Metióse con esto adentro,
y entrando de en uno en uno,
no vieron salir ninguno.
La raposa, que es el centro
   de malicias, olió el poste;
y convidándola a entrar
para ver y visitar
al león, respondió: «¡Oste!».
   Y asomando la cabeza,

dijo: «Por no ser tenida
por tosca y descomedida,
no entro a ver a vuestra alteza;
   que como paso trabajos,
unos ajos he almorzado,
y para un rey no hay enfado
como el olor de los ajos.
   Por aquesta cerbatana
vuestra alteza eche el aliento;
que si yo por ella siento
el mal olor, cosa es llana
   que hay muela con agujero,
y el sacarla está a otra cuenta
que yo estoy sin herramienta
y en mi vida fui barbero».
   Lo mismo somos los dos,
y en fe de vuestra amistad,
acercarme es necedad,
porque he dicho mal de vos
   y un viejo tiene por tema
decir, cuando a alguien me allego:
«Del rey, del Sol y del fuego,
lejos; que de cerca, quema.»

Duque   Pues ¿no me habéis de decir
quién sois, si os lo he dicho yo?

Carlos Antes sí; pero ya no,
por lo que acabais de oír.

Duque   No habrá amistad en los dos,
si el nombre encubrís así.

Carlos Vos me heis menester a mí,

| | según decís, yo no a vos.
| | Si así amistad no queréis,
| | tomáosla, señor, allá.

Duque   Sabio simple, ven acá.
                 Ya he visto lo que os queréis
                 tú y Fenisa, y que ha llegado,
                 venciendo estorbo y temor,
                 al fin dulce vuestro amor
                 que espera un enamorado.
                 Sé la poca voluntad
                 que tiene de que os caséis
                 el alcalde, a quien queréis
                 por padre de afinidad;
                 y que a pesar suyo allanas
                 tapias, saltando paredes;
                 que no es poco hacer mercedes
                 paredes que son villanas.
                 De mí os sentí formar quejas
                 porque estorbo vuestro amor.
                 Para gozarle mejor,
                 si a un lado recelos dejas
                 que dices tienes de mí,
                 y al aposento me guías
                 de Sirena, ya podrías
                 quedar, de villano, aquí
                 hecho hidalgo y caballero,
                 y con Fenisa casado.

Carlos (Aparte.) (¡Por alcahuete, privado!
                 Pero no seré el primero.)
                 Tiene mil dificultades,
                 señor, lo que me mandáis,
                 El oficio que me dais

úsase por las ciudades,
  mas no por aldeas ni villas.
Alcahuetes hay allá
señorías; pero acá
sufrimos pocas cosquillas.
  Esto es lo uno; lo otro es
que Fenisa es tan hermosa
como Sirena, y mi esposa;
y si allá os meto, después
  cuando Sirena os reproche,
quizá daréis en Fenisa;
que suele el diabro dar prisa,
y todo es pardo de noche.
  Hay en la puerta un cencerro
gruñidor, y en el corral
hay un pozo sin brocal.
Lo tercero, tiene un perro
  que si os ve, y desencuaderna
los dientes dando tras vos,
no tengo a mucho, par Dios,
que se os meriende una pierna.
  Lo cuarto, habéis de pasar
por la cama del alcalde,
y no pasaréis de balde
si al mastin siente ladrar;
  porque si una estaca arranca,
mientras se averigua o no
si es el duque el que pasó,
sabréis lo que es una tranca.
  Lo quinto, fuera de aquesto,
no os quiero her otro regalo.
Lo sexto, ya veis que es malo
todo lo que toca al sexto.

Duque   Mata ese villano, Floro.

Carlos   No consiento mataduras.
             Iguales somos a escuras.
             Sin luz, no reluce el oro.
                Tente, duque; que es de noche.
             No te quedes en Belvalle.

Floro   ¡Hachas vienen por la calle!
             ¡Y detrás de ellas un coche!

Duque   ¿Coche y hachas por aquí?
             ¿Hachas y coche en aldea?
             ¿Quién será?

Carlos   Sea quien sea,
             señor duque, adiós.

(Vase Carlos.)

Duque   ¡Que así
             de los dos se haya burlado
             un villano!

Floro   Está en su villa,
             y villanos en cuadrilla
             desharán un campo armado.
                Oye, que el coche atascó,
             y no pudiendo arrancar,
             los ha obligado a apear.

Duque   ¡No es aquélla que salió
             la duquesa?

Floro   O sueño, o sí.

Duque   Sospechará si nos ve,
        Retírate.

Floro   ¿Para qué,
        si está ya tu esposa aquí?
          La guarnición de la capa,
        que con la luz resplandece,
        señor, a tu esposa ofrece
        lo que la escuridad tapa.
          Ya te ha visto.

Duque   Por saber
        lo que es esto, no me voy.

(Salen Leonora, de camino, Ludovico, y dos pajes, con hachas.)

Leonora Basta, que en Belvalle estoy,
         hazaña al fin de mujer
           recién casada y celosa.

Duque   Leonora.

Leonora   ¿Es el duque?

Duque   Ya
         seré duque, pues está
         aquí mi duquesa hermosa.
           Pues, mi bien, ¿qué causa pudo
         obligaros a tal hora
         venir así?

Leonora   Quien no ignora

        que Amor, por andar desnudo,
          ni de noche temor tiene
        que le salgan a robar,
        ni repara en caminar
        en fe que con alas viene.
          Como soy recién casada
        y novicia en el amor,
        después que os quiero, señor,
        me tenéis mal enseñada.
          Vi que la noche venía,
        y estando ausente mi dueño,
        lo había de estar el sueño,
        que sin vuestra compañía
          ya será imposible hallalle
        y para estar desvelada,
        más quise hacer la jornada
        que hay de la corte a Belvalle
          que a sospechas dar lugar.

Duque   El haberme encomendado
               mi padre aumento y estado
               de Sirena, disculpar
                  me puede en esta ocasión.

Leonora   No tengo yo que os reñir,
               antes vengo por cumplir
               esa justa obligación.
                  ¿Adónde está Marquesa?

Duque   Por aposentarme a mí
               en su casa, vive aquí.

Leonora   Cortesía suya es ésa.
                  Y vos, porque esté segura,

	sueño y puerta le guardáis.
Duque	Cuando vos, mi bien, estáis
	ausente, vuestra hermosura
	contemplo, como en retrato,
	en la Luna y las estrellas.
Leonora	Y hallaréis más luz en ellas
	a estas puertas cada rato.
	Haced que la llamen luego
	que ha de ir en mi compañía.
Duque	¿No aguardaremos al día?
Leonora	¿Para qué es tanto sosiego?
	Está desapercebido
	a estas horas el lugar,
	y no podrá aposentar
	los que conmigo han venido.
	La corte aun no está de aquí
	dos leguas.
Duque	Yendo con vos
	doscientas no fueran dos.
Leonora	Pues si eso sentís así,
	¿que hay que aguardar?
Duque	Por mí, nada;
	mas cogemos de repente
	a Sirena, que inocente,
	mi bien, de aquesta jornada,
	ha de juzgar por rigor
	lo que, a venir más de asiento,

	tuviera a entretenimiento.

Leonora   Yo sé que me hará favor
    en pagarla voluntad
    y prisa en venir a vella
    con dar la vuelta con ella
    a nuestra corte y ciudad.
        Díganla como aquí estoy.

Floro   La puerta han abierto ya.

(Salen Corbato, con un candil, y Fenisa.)

Corbato   ¿Quién diabro voces nos da?
    Arre allá. ¿Soy, o no soy
        alcalde?

Fenisa   ¿Toda la noche
    a nuestra puerta roído?
    Pero iaho! ¿Quién ha venido
    acá con cirios y coche?
        ¡El duque, padre, y la duca!

Corbato   No era el roído de balde.
    ¡Señor!

Duque   ¿Sois vos el alcalde?

Corbato   Aunque la vejez caduca,
    y so hogaño el envarado.

Duque   ¿Y es Fenisa esta doncella?

Corbato   Para servirle yo y ella.

Duque   Ponedla, alcalde, en estado;
           que es ya grande.

Corbato   Duerme bien,
           almuerza y come mejor,
           no la quillotra el Amor,
           ni hasta agora canas tien.
             ¿Quién me mete a mí en metella
           en prensa?

Fenisa   ¿Casarme? ¡Jo!

Duque   Haced lo que os digo yo,
           o si no, casaráse ella.

(Sale Sirena.)

Sirena   ¡Señor! ¿Aquí vueselencia?
           Mándeme dar esos pies.

Duque   La marquesa, mi bien, es.

Leonora   La fama de vuestra ausencia,
             Sirena, me trae así
           de vos tan enamorada
           que no siento la jornada,
           pues por ella os hallo aquí.
             No he de partirme sin vos;
           que de ser vuestro galán
           y ya recelos me dan
           que estando ausentes los dos
             me habéis de quitar el sueño.

69

Sirena	Si al principio tal favor, señora, hallo en vuestro amor, aunque en méritos pequeño, el mío, aceta el partido; pues si va a decir verdad, muerta por vuestra beldad, de Belvalle me despido.
Corbato (Aparte.)	(De mujer a mujer va, pata para la traviesa.)

(Sale Carlos, de galán.)

Carlos	¿En Belvalle la duquesa?
Corbato	A escuras se vino acá.
Carlos	¿Tanta merced, gran señora?
Duque	¡Oh Carlos! Mucho dormís.
Carlos	Si en el aldea vivís, sabréis que el que en ella mora, todo el tiempo, gran señor, gasta, si no va a cazar, solo en dormir y jugar.
Leonora	Habéisme de hacer favor de que sin culpar mi prisa, en el coche nos entremos, y por Belvalle troquemos la corte, porque es precisa la ocasión que de tornarme esta misma noche tengo

| | y pues solo a veros vengo, |
| | ya sin vos no podré hallarme. |

Sirena   Cuenta el duque me había dado
                    de la merced que desea
                    vueselencia hacerme, y crea
                    que tengo muy deseado
                       este punto; que de estar
                    sin padre, y a cargo suyo,
                    mi seguridad arguyo.

Leonora   No tenemos que esperar;
                       que porque mejor lo estéis,
                    vengo en persona por vos.

Sirena   Y estarémoslo las dos,
                    si vos tal merced me hacéis.

Leonora   Ya os entiendo. Venga el coche.

(Aparte a Floro.)

Duque   Floro, cumplió mi deseo
                    el Amor.

Carlos (Aparte.)   (¡Que en poder veo
                    de mi enemigo, cruel noche,
                       mi honor! ¡Que sufrillo pudo
                    mi amor honrado! ¡Sirena
                    en poder y casa ajena,
                    y yo con celos y mudo!)

Duque   Carlos, mirad que os aguarda
                    el oficio que os he dado.

Carlos   Yo tengo, señor, cuidado.

Corbato   Fenisa, pon el albarda
                         al rucio, y alto, al molino,
                      pues los huéspedes se van.
                      Echa en las alforjas pan.

Leonora   Corto es, marquesa, el camino.

(Hablan aparte Carlos y Sirena.)

Sirena   Todo en tu favor se traza.
                      No tengas, mi bien, temor.

Carlos   Pues soy cazador mayor,
                      Recelos, ojo a la caza.

                      Fin de la primera jornada

Jornada segunda

(Salen el Duque y Leonora.)

Duque   Saben los cielos, mi Leonora hermosa,
Si desde que mi esposa te nombraron,
y de dos enlazaron una vida
por verla divertida en otra parte,
quisiera aposentarte de manera
en ella, que no hubiera otra señora,
que no siendo Leonora, la ocupara.
Si un reino, es cosa clara, que se rige
de un solo rey que elige por cabeza,
y la Naturaleza solamente
dio al mundo un Sol ardiente y una Luna;
si en cada cuerpo es una el alma bella,
no es bien que estén en ella dos señores,
ni ocupen dos amores una casa,
como en la esfera escasa de mi pecho.
Diligencias he hecho que no han sido
bastantes al olvido; he intentado
ausentarme, he probado a divertirme,
y para persuadirme al tuyo honesto,
las partes he propuesto que ennoblecen
tu fama, y enriquecen mi ventura.
Tu virtud, tu hermosura, tu nobleza,
la célebre grandeza de tu casa
mi memoria repasa cada día;
mas —¡ay Leonora mía!— que no basta
contra la mala casta de un tirano,
que a todo da de mano, y en mi pecho
de suerte asiento ha hecho, que con todo
alzándose, no hay modo que se aplaque,
si no es que con él saque el alma y vida

que está con él asida, y porque goce
su reino desconoce al propio dueño.
Esto me quita el sueño; que quisiera
un alma darte entera, y no partida.
No sé qué medio impida aqueste daño,
pues contra el desengaño, esposa mía,
crece más cada día. Solo uno
hallo que es oportuno y provechoso,
si bien dificultoso, pues comienza
la tímida vergüenza a refrenarle
al tiempo de esplicarle y esto pende
de tu amor, si se extiende, Leonor bella,
a tanto, que atropella de los celos
la línea y paralelos, porque estriba
solo en que el duque viva, que padece.
Si el tuyo te parece que es bastante
a hazana semejante, haréte cierta
de la herida encubierta, que te llama
su médico.

Leonora   Quien ama como debe
debajo el yugo leve y amoroso
del matrimonio, esposo, no repara
en cosa, por más cara que parezca;
pues si es bien que se ofrezca al golpe rudo
el brazo, aunque desnudo, cuando mira
que a la cabeza tira y amenaza,
bien es que de esta traza yo pretenda
tu vida y te defienda, pues estriba
mi ser todo en que viva la cabeza,
que la naturaleza en ti me ha dado.
Si el fin de tu cuidado en mí consiste,
no estés, Filipo, triste. Dame cuenta
de la pasión violenta que te abrasa,

              y pues tienes en casa la ventura
              que dices, ponte en cura, aunque yo muera.

Duque   ¡Oh mi bien! ¿Quién pudiera para amarte
              mejor, desocuparte el alma toda,
              que hospeda y acomoda ingratas prendas?
              No imagines ni entiendas qué te pido;
              que si por su marido ofreció Alceste
              la vida, imites este ejemplo extraño,
              ni que tan en tu daño mi sosiego
              te salga, que en el fuego riguroso,
              el amor de tu esposo, como a Evadne
              te arroje, porque gane eterna fama;
              que ni acero ni llama han de ser medio
              que pueda dar remedio a tanta pena.
              La marquesa Sirena es el tirano
              que con violenta mano se retrata
              dentro del alma ingrata y homicida
              la posesión debida a tu hermosura
              tiranizar procura. Ya ha dos años
              que con mil desengaños menosprecia
              la voluntad que necia permanece,
              cuando más me aborrece, más constante.
              Ni el verme mozo amante, ni el estado
              ilustre que he heredado, y su señora
              la llamara, Leonora, ablandar pudo
              aquel pecho desnudo de clemencia.
              Ni el ver que la potencia, en compañía
              del poder, cada día precipita
              la razón, si la irrita el menosprecio,
              la obligó —¡caso recio!— a ser mi esposa.
              Viendo, pues, peligrosa mi esperanza
              para tomar venganza y olvidarla,
              del alma quise echarla, haciendo dueño

suyo, en tiempo pequeño, a mi Leonora.
Llamóte al fin señora mi Bretaña,
y como te acompaña la belleza
igual a tu nobleza, creí contento
echar del pensamiento al dueño ingrato
que en el alma retrato, pues ausente
de Sirena, y presente tu hermosura,
¿en qué pizarra dura se esculpiera
que no la echara fuera y se borrara?
Ni el Sol de aquesa cara, ni su ausencia,
ni el ver por experiencia ya imposible
mi frenesí terrible, hizo otra cosa
que aumentar más furiosa la cruel llama
que ciega se derrama, y como loca
se sale por la boca. Al fin, Leonora,
viendo de hora en hora alborotada
y ya banderizada el alma mía
que de tu parte cría atrevimiento,
porque el entendimiento te defiende
que conoce y entiende lo que vales,
con armas desiguales la refrena
memoria de Sirena, y de su parte
la voluntad reparte, aunque sin ojos
la vitoria y despojos de mi vida.
Viéndote de vencida y ya olvidada,
porque desengañada te siguiese
la voluntad, y viese juntamente
tu belleza excelente, y la hermosura
de quien mi mal procura, fui por ella
y aquí quise traerla; que un contrario
junto a otro, es ordinario dar más muestra
De la virtud que muestra. De esta suerte
creí, mi bien, que en verte más perfeta
más hermosa y discreta, se enlazara

	en ti el alma, y dejara a la marquesa
de quien, aunque le pesa, le atribuye
la ventaja que incluye tu hermosura.
No salí con la cura. Antes creciendo
el fuego en que me enciendo, es ya de suerte
que si no es que la muerte le reporte,
desde que está en la corte a tal estado
me trae, que me ha obligado a que disponga
mi vida, y que la ponga —iay Leonor bella!—
en tu mano; que si ella no me sana,
cualquiera cura es vana.
Leonora	El cómo aguardo.
Duque	¿Creerás que me acobardo y no me atrevo
cuando a decirte pruebo mi locura,
viendo que tu hermosura, entendimiento
y discreción afrento? Leonor mía,
quita mi cobardía. En esta mano
que beso, y por quien gano el bien que espero,
(Bésasela.)	poner mi salud quiero. Ansí me veas
libre, porque poseas toda el alma,
que pongas quieta calma a esta tormenta
ni has de estar descontenta ni enojarte.
Leonora	Empieza a declararte, lisonjero.
Duque	Si me juras primero no hacer caso
de celos, pues me abraso, aunque procuro
olvidar...
Leonora	Yo lo juro; ea, acabemos.
Duque	No te cansen extremos, ten paciencia.

Ya suele la experiencia haber mostrado
causar odio y enfado, si se alcanza
lo que hace la esperanza más perfeto.
Ya sabes que el objeto deseado
suele hacer al cuidado sabio Apéles,
que con varios pinceles, en distinta
color esmalta y pinta con bosquejos
lo que visto de lejos nos asombra,
y siendo vana sombra, nos parece
un Sol que resplandece, una hermosura
que deleitar procura, y nos provoca;
mas si la mano toca la fingida
pintura apetecida, ve el deseo
ser un grosero anjeo, en que afeitado
ni cría yerba el prado, ni la fuente
prosigue su corriente, ni ve, ni habla
la imagen que la tabla representa,
y así lleno de afrenta, busca viva
la que la perspectiva enseña muerta.
Mi voluntad incierta, que engañada
ve en Sirena pintada una hermosura
divina, una cordura deleitable,
un Sol que hacen amables sus reflejos
como la ve de lejos, ignorante
juzga lo que delante le parece,
y engañada apetece como loca
lo que si gusta y toca, ser podría
que hiciese, esposa mía, más segura
la divina hermosura que en ti siento,
y el aborrecimiento y desengaño
remediasen el daño que me abrasa.
El remedio está en casa, por quien peno.
Tú has de ser mi Galeno, y mi bien todo.
Haz, Leonora, de modo, aunque provoque

                tus celos, que yo toque esa pintura.
Desengañar procura mi deseo;
sepa yo si es anjeo, comparado
contigo, este adorado desatino;
sepa yo si es divino o si es humano
este ángel; porque sano, como es justo,
te estime más mi gusto, y la experlencia
me enseñe la excelencia, mi Leonora,
con que eres vencedora; y yo, mudado,
vuelva desengañado y reducida,
no a darte dividido, sino entero
un amor verdadero.

Leonora   La primera
mujer que sea tercera de su esposo
seré; mas si es forzoso el agradarte,
y a costa he de curarte de mi gusto,
vaya con Dios. Yo gusto darte en eso
la vida con el seso. A los desvelos
de averiguados celos pondré pausa,
si con tan justa causa no dan pena.
Persuadiré a Sirena con caricias,
con ruegos, con albricias, y de modo
tentaré el vado todo, que si a ruegos
muestra desdenes ciegos, y te agrada
su belleza forzada. A que la fuerces
y el torpe gusto esfuerces daré traza.
¿Estás contento?

Duque   Enlaza en este cuello
el tusón rico y bello de tus brazos.
Acorta, mi bien, plazos, pues acortas
si a mi dicha la exhortas, el agravio
que te hago, y cuerdo y sabio podré darte

toda el alma, que jura de adorarte.

(Vase el Duque.)

Leonora   No sé cómo he reprimido
el ímpetu a la pasión,
ni cómo mi corazón
disimular ha podido.
¿Ha visto el mundo o ha oído
combate de Amor más recio?
¡Ah, Filipo torpe y necio
a engendrar en mí comienza
venganza tu desvergüenza,
y desdén mi menosprecio.
   ¿Tan fuerte es una mujer,
que la pruebas en tu daño?
¿Tan sufrible un desengaño
que en mí le quieras hacer?
¿No pudieras escoger
otra tercera mejor,
ignorante pretensor?
No es mucho, pues indiscreto
me pierdes así el respeto,
que yo te pierda el amor.
   Pon los ojos en Sirena,
necio; que yo los pondré
en quien venganza me dé
de tu desprecio y mi pena.
Tu tercera hacerme ordena;
que yo te haré mi tercero,
porque por tus filos quiero
vengarme de esta manera,
qara que tu honra muera
con las armas que yo muero.

(Sale Sirena.)

Sirena
    Para ser vuestra excelencia
la guarda que se ha encargado
de mí, muy poco cuidado
descubre ml diligencia.
Dos horas ha que en su ausencia
el recelo me provoca
de que con voluntad poca,
pues que tanto se retira,
las cosas de mi honor mira.

Leonora
¡Ay, Sirena, que estoy loca!
    Si de pesar no reviento,
es por ver que la esperanza
que tengo de la venganza
da riendas al sufrimiento.
Que ofendiendo al sacramento
conyugal, busque un marido
otro amor, ya es permitido,
y que su tálamo ofenda
aunque lo sepa y entienda
la esposa que ha aborrecido.
    ¿Pero que se descomida
y sea tal su desacato,
que para tan torpe trato
ayuda a su mujer pida...?
Hoy le quitara la vida,
q no juzgar por mejor
quitarle, amiga, el honor,
en él tan mal empleado.

Sirena
Ocasión justa te ha dado

        mas miraráslo mejor;
          que siempre el agravio saca
        palabras que la ira ofrece,
        y el alma noble aborrece,
        aunque con ellas se aplaca.

Leonora   No halla mejor triaca,
        marquesa, el veneno recio
        de mi injuria y menosprecio.
        En esto me determino.
        Pague así su desatino
        un marido que es tan necio.
          Tan lejos de imaginar
        está que me agravia en esto,
        que en mi interés propio ha puesto
        el dar a su amor lugar.
        En llegándote a gozar,
        dice, que echándote fuera
        del corazón que es tu esfera,
        si ahora soy aborrecida,
        el alma por ti partida
        me volverá a dar entera.
          Y así que te solicite
        pide, con ruegos, con trazas,
        con joyas, con amenazas,
        porque a su locura imite.
        Si para que me ejercite
        en oficio tan honrado
        nombre de esposa me ha dado,
        y a esto vine de Borgoña,
        yo le daré la ponzoña
        misma que a beber me ha dado.
          Para con Dios, tanta pena
        llega el hombre a merecer

	que hace agravio a su mujer,
	como la esposa, Sirena.
Sirena	Señora mía, refrena resolución tan extraña.
Leonora	El duque me desengaña. No hay que hablar. A ser primera vine, y no infame tercera, desde Borgoña a Bretaña. Goce el duque tu hermosura, que ya en mí no hay resistencia.
Sirena	¿Luego con vuestra excelencia mi honra no está segura? ¿Luego ya salió perjura la fe, que de defender mi fama, quiere romper?
Leonora	Si tu amistad no me ayuda, como mi honor pongo en duda, el tuyo pienso poner. El duque y su desatino mi afición volvió en furor; porque del más fino amor nace el odio que es más fino. Si por aqueste camino no me ayudas, con mi fe tu honor a riesgo pondré, dando a mi enojo motivo; oues cuando mi honor derribo, no ha de haber honor en pie. Los ojos ha puesto en ti el duque para cegarlos,

	y yo los he puesto en Carlos tu primo.
Sirena (Aparte.)	¿Cómo? (¡Ay de mí!)
Leonora	Mi desprecio vengo así. A amar a Carlos me animo; ni honra ni vida estimo. De su prima vengo a ser tercera, y así he de hacer que lo seas de tu primo. Hecho me ha solicitarte, y que te ruegue permite. Yo haré que él le solicite, y le ruegue de mi parte.
Sirena	Vendrás a desenojarte, y miraráslo mejor.
Leonora	Ya lo he visto; mi rigor ha dado aquesta sentencia, Sirena, ya no hay paciencia, ya no hay seso, no hay honor. Si por ti Carlos me ama, al duque haré tal engaño, que resultando en su daño, quede segura tu fama; pero si no, de su llama aquesta noche has de ser materia para encender tu afrenta.
Sirena (Aparte.)	(¿Qué es esto, cielos? ¿Entre la deshonra y celos

	me habéis venido a meter?
	Antes que pierda el honor,
	la vida el duque destroce;
	y ántes que Leonora goce
	a Carlos, me mate amor.
	No sé cuál daño es menor.
	¡Dar al duque aborrecible
	contento, es caso terrible!
	Pues ¿ser solicitadora
	yo con Carlos, por Leonora?
	¡Eso no, que es imposible!)
Leonora	¿Qué he de hacer, triste de mi?
	Marquesa, a Carlos preven;
	que a las dos nos está bien
	vengarnos del duque así.
Sirena (Aparte.)	(Disimular quiero aquí
	el tormento que reprimo.)
	Tu gusto, señora, estimo;
	mas mira...
Leonora	No hay que mirar.
	Envía luego a llamar,
	Sirena, a Carlos tu primo.
	Busca amorosa elocuencia
	con que persuadirle puedas,
	y si vitoriosa quedas,
	haz que venga a mi presencia.
Sirena	Si, de dar a vueselencia
	contento, segura estoy
	del duque, a servirla voy.
(Aparte.)	(Agora, Carlos, veré

                            los quilates de la fe,
                            Que empiezo a probar desde hoy.)

(Vase Sirena.)

Leonora   Si consiste la prudencia
                              en el saber elegir
                            medios para conseguir
                            el fin de una diligencia,
                            la deshonesta insolencia
                            del duque, cuán imprudente
                            es, me ha mostrado al presente
                            en los medios que ha buscado,
                            pues ellos medio me han dado
                            para que su fama afrente.

(Sale Carlos hablando para sí al salir.)

Carlos   Tener en casa el sustento
                            y no poderlo comer;
                            cofres de oro poseer
                            y estar pobre el avariento,
                            en el río estar sediento
                            sin agua y sal en la mar,
                            con alas y no volar,
                            todo esto junto en mí pasa,
                            pues tengo a Sirena en casa
                            y nunca la puedo hablar.

Leonora   Carlos.

Carlos   Gran señora.

Leonora   Pues

	¿De qué venís pensativo?
Carlos	Disgustos son con que vivo, después que aquí estoy.
Leonora	¿Después? ¿Pues en qué dama habéis puesto el pensamiento, que necia las muchas partes desprecia de vuestro talle dispuesto? ¿Son desdenes? ¿Lloráis celos?
Carlos	No sé a qué sabe, señora, ese manjar hasta agora.
Leonora	Mucho debeis a los cielos. ¿Queréis bien?
Carlos	Ni bien ni mal.
Leonora	Miradlo, Carlos, mejor; que yo sé que os tiene amor una dama principal de palacio.
Carlos	¿A mí?
Leonora	Y por veros en donde estorbos no hubiera, no sé si la vida diera, que sustenta con quereros.
Carlos (Aparte.)	(¿Si le ha contado Sirena a Leonora nuestro amor?

                            Pero no hará tal error,
                            pues no me ha puesto otra pena
                              sino el silencio discreto,
                            después que con ella trato.)

Leonora   Si dais lugar al recato,
                            y no ofendéis al secreto,
                              a un duque, Carlos, sé yo
                            que esta dama desestima
                            por vuestra causa.

Carlos (Aparte.)   (Mi prima
                            cuenta de todo la dió.
                              No hay más; el deseo de hallar
                            traza de verme y hablarme,
                            pudo solo, por amarme,
                            peligros atropellar.
                              Y porque esté la duquesa
                            segura de los desvelos
                            que el duque ha dado a sus celos
                            con este medio interesa
                              su amistad y intercesión,
                            para que pueda segura
                            Hablarme. ¡Extraña cordura!
                            ¡Peregrina discreción!)

Leonora   Entrado habéis en consejo
                            con vos mismo, y sois prudente
                            que en peligro tan urgente,
                            no es mucho que estéis perplejo;
                              mas pues que yo os aseguro,
                            no creo que hará el temor
                            agravio a mi mucho amor.

Carlos	Aunque es el enigma oscuro,
	no tanto que de él no entienda
	cuán favorecido quedo
	de vueselencia. Ni puedo,
	ni es prudencia que pretenda
	agradecer con razones
	el bien que de vos consigo.
	Solo, gran señora, digo
	[que a tan obvias pasiones
	pienso pagar con quedar
	por vuesrto siervo preso;
	y en seña la mano beso.
Leonora (Aparte.)	(Poco hubo que negociar.)
	La materia hallé dispuesta,
	Carlos, que dudaba en vos.
Carlos	Ya ha un año, y va para dos,
	que el amor que os manifiesta
	mi pecho, tuve encubierto.
Leonora	Pues de un año ya habla amor.
Carlos	Tuve del duque temor.
Leonora	Castigad su desconcierto,
	y entrad vos en su lugar.
	Lo que vuestra prima bella
	os dijere, hace; con ella
	podéis sin temor hablar.
	Seguid las trazas que os diere;
	que yo os facilitaré
	estorbos, y dispondré
	todo lo que ella os dijere,

                        pues con tal intercesora,
                        sin peligro de mudanza,
                        daréis del duque venganza
                        a una mujer que os adora.

(Vase Leonora.)

Carlos   Llegó mi dicha a su extremo.
                        Sirena, si para hablarte,
                        Leonora está de mi parte,
                        ¿qué hay que dudar, o qué temo?
                           ¡Afuera, celosa pena!
                        No pongáis mi dicha en duda,
                        pues la duquesa me ayuda,
                        y es tan constante Sirena.

(Vase Carlos. Salen el Duque y Floro.)

Duque   No ha de quedar diligencia
                        que no intente hasta vencer
                        la espantosa resistencia,
                        Floro, que en esta mujer
                        martiriza mi paciencia.
                           La duquesa, persuadida
                        de mis ruegos y desvelos,
                        de sus agravios se olvida,
                        y anteponiendo a sus celos
                        e remedio de mi vida,
                           me promete hacerse guerra
                        a sí misma, por templar
                        el fuego que en mí se encierra
                        y persuadirla hasta dar
                        con su fortaleza en tierra.
                           Para que al extremo llegue

	siempre mi vivo cuidado,
	y mi tormento sosiegue,
	que me llamen he mandado
	a Carlos, porque la ruegue,
	solicite y persuada;
	que aunque forzarla pudiera
	Nunca, la fruta alcanzada
	por fuerza, de ella se espera
	lo que estando sazonada.
	Con sazon quiero cogella

Floro   Si en el consejo de estado
de Amor, donde se atropella
la razón, sabio letrado,
por no regirse por ella,
   se admitieran pareceres,
uno pudiera yo darte
saludable, si es que quieres,
gran señor, no despeñarte.

Duque   Tal puede ser el que dieres,
   que le estime, si no es
divertirme de Sirena.

Floro   No, gran señor.

Duque   Dile pues.

Floro   Edificas sobre arena,
y todo ha sido al revés
   cuanto hasta este punto has hecho.
Un filósofo enseñaba
su facultad, satisfecho
que por sus letras ganaba

juntamente honra y provecho.
　Al que estudiado no había,
con un precio moderado
a su escuela le admitía;
pero el que estaba enseñado,
y algunas letras tenía,
　dos precios había de darle
si su oyente había de ser,
uno por desenseñarle,
que sobre ajeno saber
no quería lición darle,
　y otro por volver de nuevo
a hacerle en su escuela sabio.
Yo, que esta opinion apruebo,
si no lo juzgas a agravio,
a cumplir tu amor me atrevo;
　pero con tal condición,
que deshagas cuanto has hecho
en tu ciega pretensión,
pues no será de provecho
de otra suerte la lición.
　Ya que al principio lo erraste
pues, sin curar dentro el mal,
con Leonora te casaste
siendo Sirena tu igual,
y así imposibilitaste
　el alcanzarla mejor,
y remediarse no puede
tan desenfrenado ardor;
porque incurable no quede
de todo punto tu amor,
　has de deshacer agora
el disparate que has hecho;
pues viendo lo que te adora,

quieres que ablande su pecho
la duquesa mi señora,
　que por más que te parece
que terciar tu amor intenta,
o este agravio la enloquece
o, si no siente esta afrenta,
la duquesa te aborrece.
　Y será cosa pesada
cualquiera de éstas, señor;
que en la mujer injuriada,
nunca hay venganza mayor
cono la disimulada.
　No has de provocar tampoco
que sea Carlos tu tercero,
por los peligros que toco;
que es Carlos muy caballero,
y, si le tienes en poco,
　como el honor de su prima
por tantas partes le alcanza,
si aqueste agravio le anima,
podrá ser que a la venganza
le fuerce tu desestima.
　Sirena es, señor, mujer;
como tal, ha de acudir
al natural de su ser.
Lo que más suelen sentir
es el verse aborrecer
　de quien las quiso primero.
Finge que la has olvidado,
no la mires lisonjero,
pregúutala descuidado,
y respóndela severo.
　Cuando la hables, bosteza;
si cuidadosa te mira,

       vuelve a un lado la cabeza
       de cuando en cuando suspira,
       muestra, hablándola, tristeza.
          Ponte en parte que te vea
       celebrar algún papel
       a solas, y aquesto sea
       fingiendo la letra en él;
       y porque después le lea,
          haz al sacar el pañuelo,
       después que le hayas guardado,
       que se te cae en el suelo.
       Escribe en él el cuidado
       de una dama con recelo
          de que a Sirena procuras
       y en su amor te desvaneces,
       y por más que la aseguras
       lo mucho que la aborreces,
       que mientes en cuanto juras.
          Verás, aunque el corazón
       tenga como el bronce recio,
       que vale en esta ocasión
       más, una hora de desprecio,
       que un año de pretensión.

Duque   Como médico de aldea,
       comunes recetas das.
       En bárbaros las emplea,
       que en la corte no hallarás
       quien las admita ni crea.
          Los medios que yo he escogido
       me darán por fuerza o grado
       el gusto que no he adquirido;
       que el trabajo que he pasado,
       no lo he de dejar perdido.

	Estudia un consejo nuevo,
	y déjame hacer a mí,
	que el camino sé que llevo.
Floro	La duquesa viene aquí.
Duque	Vete, pues, Floro.
Floro	No apruebo,
	por más que te determines,
	tan peligrosos remedios.
Duque	No importa que eso imagines.
Floro	Malos principios y medios
	nunca alcanzan buenos fines.

(Sale Leonora.)

Leonora	Duque, la mayor hazaña
	que han visto jamás los cielos
	tiene hoy de honrarme en Bretaña
	contra el rigor de mis celos,
	el amor que me acompaña
	y te tengo. Me ha podido
	persuadir que hable a Sirena.
	Con lágrimas la he pedido
	que dando alivio a tu pena,
	la esperanza que he perdido,
	y me robó su beldad,
	me la procure volver;
	que quiero, aunque es necedad,
	verte más en su poder,
	que verte sin voluntad.

           He dicho que si a tu pena
           una vez alivio da
           y sus desdenes refrena,
           segura se casará
           con el duque de Lorena,
              a quien por ti la prometo
           que goce tu amor prestado;
           pues lo sufro, y en efeto
           que ponga su honra y cuidado
           en las manos del secreto.
                ¡Puedo hacer más?

Duque   No te quiero
           hacer exageraciones,
           porque pagar presto espero,
           mi bien, tus obligaciones,
           no partido, sino entero.
                Mas ¿qué responde?

Leonora   No hay cosa
           que a los principios no sea,
           Filipo, dificultosa.
           Cuando la hablo, colorea
           entre airada y vergonzosa.

Duque   Reina agora la vergüenza
           y el temor que de ella nace.

Leonora   Yo haré que tu amor la venza,
           porque ya sabes que hace
           la mitad el que comienza.
              Una cosa solamente
           falta, duque, por arrimo
           de la conquista presente;

	y es obligar a su primo;
	que el persuadirla un pariente
	a quien parte del honor
	y de su deshonra cabe,
	hace el peligro menor.

Duque
    Tu ingenio mi dicha alabe,
    tu lealtad, tu firme amor.
       ¿No es bueno que había enviado
    con aqueste fin por él?

Leonora
    Carlos es noble y honrado.
    No te declares con él,
    por si acaso alborotado
       llega a perderte el respeto.
    Yo lo dispondré mejor;
    que soy mujer, en efeto.
    Encúbrele de tu amor
    el pensamiento secreto
       y dile que si desea
    servirte y tenerte grato,
    con más frecuencia me vea,
    y con prudencia y recato
    cuanto le dijere crea,
       porque en darme gusto a mí
    estriba todo tu gusto.

Duque
    Dices bien, yo lo haré así.

Leonora (Aparte.)
    (Y yo con castigo justo
    me pienso vengar de ti,
       haciéndote mi tercero,
    pues que tu tercera me haces.)

Duque
Si a Sirena por ti adquiero,
después con eternas paces
servirte, Leonora, espero.

Leonora
Carlos viene; el declararte
excusa con él, y di
que el servirme es agradarte.
¿Enviarásle luego?

Duque
Sí,
luego, duquesa, irá a hablarte.

(Vase Leonora. Sale Carlos.)

Carlos
¿Qué manda vuestra excelencia?

Duque
La baronía de Flor
está vaca, y el valor,
Carlos, de vuestra presencia,
  por dueño hoy ha de tener.
Barón de Flor sois desde hoy.

Carlos
Tu esclavo, sí, aquesto soy.

Duque
Dicen que llega a valer
  seis mil ducados de renta;
mas yo prometo aumentarlos
con otras mercedes, Carlos;
que os tengo muy por mi cuenta.

Carlos
Ya deseo que se ofrezca
ocasión en que poder
con algún servicio hacer
que tanta merced merezca.

Duque	La que entre manos traéis
os le puede bien cumplir.
Si me deseáis servir,
segura me lo prometéis.
Carlos (Aparte.)	(¿Mas que es la merced tan cara
que quiere que intercesor
con mi esposa sea en su amor?
Moriré si se declara.)
Dígame vuestra excelencia,
de mí ¿en qué se servirá?
Duque	La duquesa os lo dirá.
Id, Carlos, a su presencia.
Haced lo que ella os mandare,
dadle gusto vos; que así
me tendréis contento a mí;
y advertid que no repare
en peligros de honra o fama
vuestro recelo; que a todo
por libraros me acomodo.
Andad, que Leonora os llama.
Carlos	Declaraos más, gran señor.
Mirad que confuso quedo.
Duque	Carlos amigo, no puedo.
Ella os lo dirá mejor.
Haced diligente vos
lo que os pide y aconseja
y advertid que si se queja,
hemos de reñir los dos.

(Vase el Duque.)

Carlos
¡Hay confusión más extraña!
¿La duquesa no me anima
para que sirva a mi prima?
¿No ha que el duque de Bretaña
   sin seso por ella anda,
dos años? ¿Pues cómo agora
me pide que hable a Leonora,
y cumpla lo que me manda?
   Ella manda que a Sirena
sirva, y me promete dar
para gozarla lugar.
El duque también ordena
   que obedezca a la duquesa.
Si el obedecer me está
tan bien, ¿qué pena me da?
¿Qué temo? ¿De qué me pesa?
   Pues con el duque y Leonora
cumplo con mi amor ardiente,
digo que soy obediente
más que un fraile desde agora.

(Sale Sirena.)

Sirena
Por muchos años y buenos,
aunque sea a costa mía,
se emplee vueseñoría
en pensamientos ajenos,
   y mejore de afición;
que por lo bien que te está,
una tercera tendrá
en mí, con obligación,
   aunque lo sienta y me pese,

	de acudir desde este día
a su gusto.
Carlos	Esposa mía,
¿qué modo de hablar es ése?

(Sale un Paje.)

| Paje | A vueseñoría espera
la duquesa. |
|---|---|
| Sirena | ¿A mí? Ya voy. |
| Carlos | ¿Qué es esto, prima? |
| Sirena | No soy
prima ya, sino tercera. |

(Vanse Sirena y el Paje.)

| Carlos | ¿Tercera? ¿Cómo o de quién?
Cielos, añadí eslabones
de enredos y confusiones
para que muerte me den.
   ¿En qué encantamento estoy?
¡Válgame Dios! ¿Si he perdido
con la ventura el sentido?
¿Qué hechizos me espantan hoy?
   Leonora ayudarme ordena;
el mismo duque me obliga
a que la obedezca y siga.
Yo adoro solo a Sirena;
   y cuando mi amor espera
gozarla, y su esposo soy, |

se va, y me dice: «No soy
prima ya, sino tercera».
   ¡Ah corte llena de encantos!
Líbreme el cielo de ti.

(Sale otro Paje.)

Paje   El duque os llama.

Carlos   ¿A mí?

Paje   Sí.

Carlos (Aparte.)   (Despertadme, cielos santos.)

Paje   Mudad vestido, que quiere
salir con vos a rondar.

Carlos (Aparte.)   (Si se llega a declarar,
y a mi confusión luz diere,
   yo escribiré esta quimera.)

Paje   ¿Venís?

Carlos   A vestirme voy.
(Aparte.)   (¡Que me dijese: «No soy
prima ya, sino tercera»!)

(Vanse los dos. Salen Leonora y Sirena, a una ventana.)

Leonora   Digo pues, Sirena amiga,
que cuando a Carlos hablé
y le conté mi fatiga,
tan de mi parte le hallé,

	que no sé cómo te diga
	el gozo que recibió,
	cuán pocos estorbos puso...
	Ni de oírme se alteró,
	ni me respondió confuso,
	ni al rostro el color mudó;
	antes alegre y humano
	mi dicha hizo manifiesta,
	pues de puro cortesano,
	en lugar de la respuesta,
	los labios puso en mi mano.
Sirena	¿Pues tan presto gran señora?
	Mirad que es Carlos discreto.
Leonora	Marquesa, Carlos me adora;
	el temor tuvo secreto
	lo que manifestó agora.
	Un año, y va para dos,
	ha que se muere por mí.
Sirena	Para en uno sois los dos.
(Aparte.)	(¡Que no me arroje de aquí!
	¿El firme, Carlos, sois vos?
	¿En tierra a la primer prueba?
	¡Si una mujer se mudara,
	que en sí la inconstancia lleva,
	que tantas veces en cara
	la dieron todos con Eva!
	¡Ay hombres, hombres!)
Leonora	Parece
	qe de mi bien te ha pesado,
	pues mi dicha te enmudece.

Sirena	Tiéneme puesta en cuidado el peligro aque se ofrece, si a saberlo el duque alcanza, mi primo.
Leonora	Amor es discreto, industriosa la venganza, y en las manos del secreto no hay recelos de mudanza. Para esto te he menester, no para que a Carlos hables.
Sirena (Aparte.)	(¡Frágil llamáis nuestro ser, hombres, y en el ser mudables sois menos que una mujer!)
Leonora	¿Sabes lo que he colegido del pesar que has enseñado a la suerte que he tenido? Que si a Carlos he llamado debe de ser tu escogido. Bien le quieres.
Sirena	Si te engaña tu sospechosa quimera, cree que no soy tan extraña si amara, que no quisiera ser duquesa de Bretaña más que ser dama de Carlos.
Leonora	No sé. De celos me muero.
Sirena (Aparte.)	(Y yo no puedo ocultarlos.)

Leonora	Gente ha venido al terrero;
	mas yo vendré a averiguarlos.

(Salen el Duque y Carlos, de noche.)

Duque	Traidor, no busques rodeos
	que ya conozco la causa
	porque tanto dificultas
	lo que mis penas te mandan.
	Por más que encubrirte pienses,
	la turbación con que hablas
	me enseña por el aliento
	las traiciones de tu alma.
	No es la honra de Sirena
	la que recelas y guardas,
	sino el tenerla, en mi agravio,
	más que prima, por tu dama.

Carlos	Gran señor, sosiegaté,
	y con la cólera envaina
	el enojo, que te incita
	sin razon a la venganza.
	¿Qué has visto en mí que te obligue
	y a creer te persuada,
	haciéndote competencia,
	que a mi prima adora mi alma?
	¿Así se encubre el Amor,
	que en ser niño nunca calla,
	y en ser fuego manifiesta
	donde vive en humo y llamas?
	No me tengas por tan vil
	que si yo a Sirena amara,
	aunque tu vasallo soy,

| | sufriera que la sacaras
de Belvalle, y la trujeras
a tu corte y tu casa,
donde creciendo mis celos,
mis tormentos aumentaras.
Que yo sienta, siendo noble,
que tercero vil me hagas
de quien por ser prima mía
me ha de caber de su infamia
tanta parte, no te espantes;
pues sabes lo que Bretaña
me estima, y que soy tu deudo,
y de lo mejor de Francia. |
|---|---|
| Duque | ¿Pues qué afrenta se te sigue
de que cumpla mi esperanza
tu prima y la goce yo,
si cuando me satisfaga,
dando a Leonora la muerte,
la has de ver entronizada
sobre mi silla ducal? |
| Carlos | Hablar siento en la ventana.
Mira, gran señor, que piden
más recato esas palabras. |
| Duque | ¿Quién puede ser? |
| Carlos | Fácilmente
lo sabrás si oyendo callas. |
| (A Leonora.) | |
| Sirena | Mal sabes quién es Sirena. |

                    Ni he dado ni daré entrada
                    en mi vida a amores locos
                    sin obras y con palabras.

(Habla el Duque aparte con Carlos.)

Duque   ¿No es tu prima?

Carlos   Ella parece.

Duque   Carlos, disculpas no bastan
                    a asegurarme de ti
                    si pretendes confirmarlas,
                    habla con Sirena agora.
                    Finge que no te acompaña
                    ninguno, y colegirán
                    mis celos de tus palabras
                    si la pretendes o no.
                    La oscuridad nos ampara
                    para que verme no pueda.
                    Así sabré si me engañas.

Carlos   ¿Qué la tengo de decir?

Duque   Desdenes, desconfianzas,
                    celos, aborrecimientos,
                    con que la provoques y hagas
                    que te responda. Veré
                    mis sospechas confirmadas
                    o más firme tu lealtad.

Carlos (Aparte.)   (¿Hay confusión más extraña?
                    De esta vez mi poca dicha,
                    dándome la muerte, saca

	año y medio de secreto, para avergonzarme, a plaza. ¡Oh peligros del honor!)
Duque	¿No llegas? ¿Qué te acobardas?
Carlos	Lo que he de decir prevecgo. ¡Ah de las rejas!
Sirena	¿Quién llama?
Carlos	Carlos soy.

(Leonora habla aparte con Sirena.)

Leonora	Oye, marquesa, de los celos que me causas has de asegurarme agora. No digas que a la ventana estoy contigo.
Sirena	¿Pues qué?
Leonora	Finge que porque me ama y en mis memorias se ocupa, pierdes el seso y te abrasas. Pídele celos de mí.
Sirena (Aparte.)	(No los pediré sin causa.)
Leonora	¿Qué dices?
Sirena	Que por servirte, quiero hacer lo que me mandas.

	¡Ah, Cárlos! ¿Rondando vos? ¿Tenéis en palacio dama? ¿No os dejan dormir sospechas? ¿Lloráis desdén o mudanzas?
Carlos	¿Quién os mete a vos en eso?
Sirena	¿Ser vuestra prima no basta para correr por mi cuenta vuestras dichas o desgracias?
Carlos	¡Pues qué! ¿Es pedirme eso celos?
Sirena	¿Fuera mucho?
Carlos	Si me cansa vuestra memoria de suerte que no hay cosa más contraria para mi gusto que oíros, ¿por qué con vuestras palabras aguáis de mis pensamientos pretensiones y esperanzas? ¿Heos querido yo jamás?
Sirena	¿A qué propósito y causa eslabonáis disparates? ¿Pídoos yo cuenta tan larga? ¿Heos rogado que me améis, alguna vez? ¿Qué embajadas de mi parte os solicitan? ¿Qué papeles os enfadan? ¿Qué prendas mías adornan eu público vuestras galas, y eu secreto vuestros gustos?

Si burlando os preguntaba
por la dama que os desvela
—buen provecho, primo, os haga—
desde aquí, por no enfadaros,
juro no hablaros palabra,
ni veros.

(Carlos habla aparte al Duque.)

Carlos   ¿Estás contento?

(Sirena habla aparte a Leonora.)

Sirena   Vives ya desengañada?

Duque   Carlos, prosigue tu tema;
                   que me enamora la gracia
                   de aquellos dulces desdenes.

Leonora   Sirena, presto te cansas
                   de asegurar el amor
                   y fe que Carlos me guarda,
                   cuando por mí te desprecia.
                   Muestra que estás enojada,
                   pídele celos por mí,
                   y entretengan mi esperanza
                   estas burlas.

Sirena (Aparte.)   (Estas veras,
                   dirás mejor, pues me matan.)

Duque   Veamos cómo te aíras;
                   Carlos, enójala; acaba.

Carlos (Aparte.)	(¡Que a esto el duque me fuerce! ¡Ay, Sirena de mi alma, cuál debes de estar conmigo!)
Duque	Qué esperas, Carlos?
(A Sirena.)	
Carlos	Mi dama por vos, Sirena, me mira sospechosa y agraviada. Celos tiene de que os quiero. Dos días ha que no me habla por verme con vos hablar y sin el Sol de su cara, ¿qué he de hacer? A mí me importa la vida el asegurarla, aunque sea a costa vuestra; y pues os va poco o nada, ni me habléis ni me miréis. Antes cuando entrare en casa del duque, si os encontrare, echad vos por otra sala.
Leonora (Aparte.)	(Mis celos ha penetrado para asegurar mis ansias. Menosprecia a la marquesa. ¡Oh, Amor discreto! ¿Qué os falta?)
Carlos	Esto, Sirena, os suplico.
Sirena	Eso mismo imaginaba pediros, Carlos, yo a vos; que de resistir cansada

	pretensiones de dos años,
	ha podido la constancia
	de un amante, a quien ya quiero,
	en mi pecho encender rasas.
	De vos está receloso,
	contándoos los pasos anda,
	puede mucho, y haráos mal
	si hablando conmigo os halla.
	No alcéis los ojos a verme.
Carlos	(¿Cómo, ay cielos, si eso pasa,
	y el duque mi honor usurpa,
	cómo no tomo venganza
	de mí mismo? Mas dirálo
	celosa de mis palabras.)
Duque	Carlos, si mis dichas oyes,
	llega a abrazarme. ¿Qué aguardas?
	Pídeme largas albricias.
	¿No ves cómo se declara
	en mi favor la marquesa?
	¡Oh, venturosa mudanza!
	¡Oh, averiguación discreta!
	¡Oh, firmeza bien empleada!
Carlos	Pues de fingir desatinos
	tanto interés tu amor saca,
	fingirme celoso quiero.
	Veamos en lo que para
	tanta quimera.
Duque	Bien dices.
Carlos (Aparte.)	(Hablemos verdades, alma

                        aunque la vida nos cueste.
                        A luz mis desdichas salgan;
                        rompa mi agravio el silencio,
                        mudo fui dos años. ¡Basta!)
                        ¡Con qué pequeña ocasión
                        me das a entender, ingrata,
                        que eres mujer, y que es fuerza
                        pagar pecho a la mudanza!
                        Ya yo sé que al duque quieres;
                        que a no amarle, no bastaran
                        para traerte a su corte
                        persuasiones ni amenazas.
                        Goza, en mi agravio y tu afrenta,
                        su amor mudable y tu infamia;
                        que para no verla yo,
                        muerte me dará esta daga.

(Vase a dar con la daga, y tiénele el Duque.)

Duque   Carlos, para burlas sobran.
                    ¿Estás loco?

Carlos   ¿Pues pensabas
                    que me mataba de veras?

Duque   Es de suerte la eficacia
                    con que celoso te finges,
                    que por instantes me engañas.

Carlos (Aparte.)   Todo es de burlas. (¡Ay cielo,
                    si de veras me matara!)

Leonora   ¿No ves que celos te pide?
                    Luego mis sospechas claras

	desengaños averiguan. ¿Qué es esto, Sirena?
Sirena	Calla, que lo dice porque teme, siendo de mi sangre y casa, que con los demás le injurie. Porque veas si te ama, de ti le he de pedir celos. Carlos, si agora me mandas que ni te hable ni vea, y está celosa tu dama, ¿por qué me injurias así? ¿Por qué mudable me llamas? Como primo te he querido; nunca ha pasado la raya del parentesco mi amor; que ya ves, si la pasara, los celos que te pidiera de la duquesa, a quien hablas a costa de la lealtad que al duque tu amor quebranta...
Duque	¿Cómo es esto?
Carlos	El verme hablar con la duquesa, a quien mandas que a menudo sirva y vea, la ha dado, gran señor, causa para pensar tal malicia.
Duque	Es discreta. No me espanta; que hay ocasián de creerlo. No se te dé, Carlos, nada.

Sirena	Si afrento, porque amo al duque,
	tu linaje y mi prosapia,
	¡por eso le honrará mucho
	la lealtad que al duque guardas!
	Váyase uno por lo otro.
	Si quieres que calle, calla,
	y adiós, que siento ruido.
Leonora	¿Adónde vas?
Sirena	No sé.
Leonora	Aguarda.
Sirena	No puedo.

(Vase Sirena.)

Leonora (Aparte.)	(Confusa voy,
	y entre temor y esperanza,
	no sé si Carlos me burla;
	mas yo lo sabré mañana.)

(Vase Leonora.)

Duque	Ya Sirena se entró dentro,
	y tú, Cárlos, en el alma
	te has entrado de manera,
	que ha de llegar tu privanza
	hasta igualarte conmigo.
	Marqués eres de Angulana.
Carlos	Gran señor...

Duque	No hay para qué
me dés por aquesto gracias.
Mucho a la duquesa debo.
Ve a menudo a visitarla;
que de su gusto depende
mi dicha.
Carlos (Aparte.)	(Ciegas marañas,
vosotras me mataréis.)
Duque	¡Ay mi Sirena!
Carlos (Aparte.)	(¡Ay, ingrata!)

Fin de la segunda jornada

Jornada tercera

(Salen Leonora y Carlos.)

Leonora	Carlos, ni sois obediente
	a lo que el duque os encarga,
	ni con dilación tan larga
	dais muestra de diligente.
	Un año ha que me juráis
	que tenéis amor a quien
	os dije que os quiere bien;
	y tan poco lo mostráis,
	que cuando os allano el paso,
	respondiendo mal y tarde
	o dais muestras de cobarde,
	o hacéis de mí poco caso.
Carlos	Hay tantas contradicciones,
	señora, en lo que mandáis,
	que aunque estorbos allanáis,
	y dais lugar a ocasiones,
	no me puedo persuadir
	que es seguro aqueste amor.
Leonora	No hay, Carlos, sordo peor
	que aquel que no quiere oír.
Carlos	Vueselencia me ha mandado
	que hable a Sirena.
Leonora	¿Pues?
Carlos	Y para gozar después
	esta ocasión sin cuidado,

	dice que toma a su cargo,
	por más que el duque se ofenda,
	que no lo sepa ni entienda.

Leonora
: De todo aqueso me encargo.
  ¿Qué hay de dificultad
  en eso, qué os da cuidado?

Carlos
: Mucho. El duque me ha mandado
  que de vuestra voluntad
    no salga un punto, si intento
  privar con él, como veis,
  porque de que vos lo estéis,
  pende el estar él contento.
    Por otra parte enloquece
  por Sirena, y cada hora
  la sirve más y enamora;
  pues ¿cómo se compadece
    amarla, y mandarme a mí
  que cuanto vos me digáis
  ejecute, si gustáis,
  pues vive Sirena aquí,
    que la hable y que la goce?

Leonora
: ¿Cómo?

Carlos
:   ¿No me dais promesa
  de hacer cómo a la marquesa,
  que este favor reconoce,
    alcance, por más que intente
  mi dicha el duque estorbar,
  dándome industria y lugar
  para la merced presente?

Leonora	¿Que a Sirena alcancéis vos os tengo yo prometido?
Carlos	Como la corte es olvido, no me espantaré, por Dios, que lo que agora dijistes, lo hayáis olvidado ya.
Leonora (Aparte.)	(Medrado mi amor está.) ¡Lindamente me entendistes! Según eso, ¿de Sirena ha un año que sois amante?
Carlos (Aparte.)	(¿Qué mudanza en un instante que dichas hoy desordena?)
Leonora	¿Y que por cierto tuvistes que yo, Carlos, os sirviera con Sirena de tercera?
Carlos	¿Vos no me lo prometistes?

Leonora	Algún planeta tercero
	me debe de ser propicio,
	pues me da el duque ese oficio,
	y de vos también le adquiero.
	   A amaros me habían movido
	celos del duque importunos,
	y por huír de los unos,
	en los otros he caído,
	   pero porque no aleguéis,
	Carlos, desde hoy ignorancia,
	y, para ejemplo de Francia,
	pues os ofende, os venguéis

	del duque, cuya locura
a persuadirme le obliga
que a Sirena su amor diga
y conquiste su hermosura;
los ojos he puesto en vos,
y la voluntad también.
Vengarnos nos está bien,
pues nos ofende a los dos,
del duque; que de Sirena
ya he venido a persuadirme
que no es tan constante y firme
como en Bretaña se suena;
pues a no estorbarlo yo,
ya el duque rendido hubiera
diamantes de acero, en cera,
que el tiempo y oro ablandó.
Carlos (Aparte.)	(Eso anoche a una ventana,
siendo testigos los cielos,
lo oyeron mis justos celos.
¡Ah, Sirena! ¡Al fin liviana!)
Leonora	Procurad corresponder
conforme mi voluntad,
y excusad la enemistad
de una celosa mujer
que su amor os manifiesta
porque al duque le diré
lo que de Sirena sé,
si me dais mala respuesta.
Carlos	(A tanta desenvoltura,
delito es el responder.
¡Ah Sirena! ¡Al fin mujer,

					Sol de enero, que no dura!)

(Vase Carlos.)

Leonora			Sin responderme se ha ido;
				pero no hay de qué espantar,
				que hay mucho que consultar,
				y va de celos perdido.
				   A hacer el efeto en él,
				que en mí los del duque han hecho,
				mi amor veré satisfecho
				y mi venganza cruel.
				   No pienso yo que osará
				decir al duque, si es sabio,
				que por vengarme, le agravio,
				porque satisfecho está,
				   si le declaro ofendida
				que en su competencia llama
				a Sirena prima y dama,
				lo que peligra su vida.

(Sale Sirena sin ver a Leonora.)

Sirena			No quepo en toda la casa;
				mas si los celos son fuego,
				¿cómo ha de tener sosiego
				quien entre celos se abrasa?
				   Carlos tiene atrevimiento
				de decirme a mí en la cara,
				que hay en casa quien repara
				el gusto que en verle siento?
				   ¿Carlos vuelve el paso atrás
				que mi amor llevó adelante?
				¿Carlos me dice inconstante

       que no me ha amado jamás?
         ¿Obligaciones olvida
       Carlos, mudable y cruel?
       ¿Que cuando encuentre con él,
       que no le mire me pida?
         ¿Que eche por otra sala,
       porque hay quien le pida celos?
       ¿Así paga Carlos —¡cielos!—
       a quien no solo le iguala,
         sino a un duque le antepone,
       que quiso duquesa hacerme?
       ¿Carlos se atreve a ofenderme?
       El seso y vida perdone,
         pues razón es que le pierda;
       que no es mujer de valor
       la que perdiendo el honor,
       queda viva o queda cuerda.

Leonora   ¿Qué cara es ésa, Sirena?
              Mala estáis.

Sirena   Habrá ocasión,
               porque la indisposición
               no sabe hacer cara buena.

Leonora   Ayer estábades sana
               y hoy tenéis color mortal
               mas ¿qué os hizo anoche mal
               el sereno a la ventana?

Sirena   Bien puede ser; no lo sé.

Leonora   Si tan indispuesta andáis,
               ¿por qué causa madrugáis?

Sirena	Por morir, señora, en pie.
Leonora	¿Morir? No tanto como eso. Celos serán; que quien ama, nunca hace con celos cama; que tienen humor travieso.
Sirena	¿Yo celos?
Leonora	A lo que escucho, pues madrugáis, no son vanos. Lo que tienen de villanos les hace madrugar mucho; mas como en la facultad de Amor vais tan adelante, madrugáis como estudiante.
Sirena	Señora, ¿qué novedad de hablar es ésa? Reprima vueselencia...

Leonora	No me engaño.
	Carlos dice que ha ya un año
	que os lee cátedra de prima,
	  y goza la propiedad.
	Como es primo y le queréis,
	primogénito le hacéis,
	marquesa, en la voluntad.
	    Celosa estoy; que aunque jura
	no hablaros por mi ocasión,
	si es de un año el afición,
	difícil será la cura.
	    Y de vos estoy quejosa

                pues no osándoos declarar
                conmigo, distes lugar
                a mi pasión amorosa.
                    Amad el duque, Sirena,
                y no deis a una pasión
                con sospechas ocasión,
                si la lengua desenfrena,
                    que se diga lo que pasa.
                Esta noche os ha de hablar.
                Todos suelen imitar
                a su dueño en una casa.
                    Yo imito al duque en los modos
                de su loco frenesí;
                quitadme vos a mí,
                y desquitémonos todos.

Sirena   Perdóneme vueselencia;
                que no puedo responder.
(Aparte.)   (Hoy, Carlos, tienes de ver
                de mi agravio la experiencia,
                    de mi desesperación,
                de la lealtad que has quebrado,
                de un secreto mal guardado,
                y una rota obligación.)

(Vase Sirena.)

Leonora   Es reloj la voluntad.
                Desconcertada una rueda,
                No hay quien concertarle pueda,
                si no es con dificultad.
                    La rueda han desconcertado
                los celos que Amor labró,
                y pues no tengo órden yo,

nada ha de andar ordenado.

(Sale el Duque.)

Duque
  Duquesa, si verme sano
porque os adore, queréis,
¿cómo en mi cura ponéis
tan tibiamente la mano?
  ¿Por qué la vais alargando,
pues cuanto fuere más corta,
mas, mi Leonora, os importa?

Leonora
De vicio os venís quejando.
  ¿Tan mala noche tuvistes
la pasada en el terrero,
donde a unas rejas de acero
de cera un diamante vistes,
  que del médico dais quejas?
Diligencias mías fueron
las que favor os hicieron,
no la noche ni las rejas.

Duque
  ¿Luego ya os contó Sirena
lo que con ella pasé?

Leonora
Si industriada de mí fue,
¿qué mucho?

Duque
    Cesó mi pena.
¿Estábades vos allí?

Leonora
¿A qué propósito?

Duque
     Debo

| | mucho a Carlos; mas no es nuevo
servirme Carlos así. |

| Leonora | Antes le debéis tan poco,
que si algún estorbo impide
que de su rigor se olvide
Sirena, y no os traiga loco,
   es Carlos, que por no hacer
lo que le mandáis, no hace
mi gusto. |

| Duque | ¿Pues de qué nace
su rebelde proceder? |

| Leonora | De que vos no le mandáis
con eficacia que acuda,
sin poner estorbo o duda,
a servirme. Si gustáis
   ver este imposible llano,
mandádselo con rigor. |

| Duque | Esto será lo mejor.
Harálo, como villano,
   por fuerza, pues no lo hace
por bien, como bien nacido.
Llamadle. |

| Leonora | Él mismo ha venido.
Voyme. |

| Duque | Si no satisface
   a vuestro gusto, desde hoy
satisfará mi venganza. |

Leonora	De él estriba la esperanza
que de la marquesa os doy.

(Vase Leonora. Sale Carlos, hablando para sí al salir.)

Carlos	Porque el fuego no me abogue
del veneno que provoco,
no oso parar. Como el loco,
como el que ha tomado azogue,
como el bruto que ha perdido
los hijos, como el que pasa
por un monte que se abrasa,
como el ladrán que anda huído,
así me traen mis desvelos;
pero ¿qué mucho, si son
veneno, azogue y ladrón
los infiernos de mis celos?
Duque	No es posible que en tus venas
sangre noble se reparte,
sino que por deshonrarte,
están de villana llenas.
¿No es posible que tu madre,
con liviano desvarío,
por no hacerte deudo mío
no hiciese agravio a tu padre?
Vete, villano, de aquí,
sal de mi corte.
Carlos	Señor...
Duque	¡Buen pago das a mi amor,
y al caso que hice de ti!
Vete, o si no...

Carlos	¿Pues qué he hecho para indignarte conmigo?
Duque	No por lo hecho te castigo, sino por lo que has deshecho. Leonora se me ha quejado, y con sentimiento justo, que no acudes asu gusto como yo te lo he mandado. Cuando en su presencia estás, te enfadas, y cuando llega y alguna cosa te ruega, sin responderla te vas. ¡Bien tu lealtad solicito! ¡Bien en agradarme entiendes!
Carlos (Aparte.)	(¡Bueno es que me reprehendes, porque el honor no te quito! ¡Ah, mujeres, monstruos fieros! ¿Con qué traicion no saldréis, si aun los maridos hacéis de vuestro gusto terceros? Estoy por decirlo todo.)
Duque	Maquina entre ti, villano, disculpas; piensa, aunque en vano, para engañarme algún modo; que mientras no satisfagas a Leonora, no hay pensar que me has de desenojar, por diligencias que hagas. ¿Callas?

Carlos	Digo que me pesa
que de mí quejas te den;
mas no te está, señor, bien
que yo sirva a la duquesa.
Duque	¿Por qué, villano?
Carlos	Tu honor...
Duque	No le pierdo en que a Leonora
nombre por intercesora,
ni en eso me hables, traidor.

(Aparece Sirena en el rondo.)

    Sirena es ésta; si intentas
tus culpas satisfacer,
delante de mí has de hacer
lo que en mi ausencia violentas.
    Díla que esta noche quiero,
si darme gusto la agrada,
cumplir lo que la pasada
significó en el terrero;
    y cuando rebelde esté,
di que te importa la vida
el serme hoy agradecida.
conjúrala, enojaté;
    que si como anoche oí,
mi amor le causa cuidado,
y hoy de opinión ha mudado,
te he de echar la culpa a ti.

Carlos	Si así quedas satisfecho,
digo mil veces, señor,

(Aparte.) que la hablaré. (¡Ay, ciego Amor
qué de injurias que me has hecho!)

(Apártase el Duque y sale Sirena.)

Carlos ¿Confusa, prima, venís,
y tan pensativa andáis,
que ni sabéis donde estáis
ni en quien os mira advertís?
   Mas no me espanto, que habita
en vuestra alma nuevo dueño,
que al antiguo por pequeño
posesión y vida quita,
   y como a ella se pasa,
que la alborote no hay duda;
que cuando el huésped se muda,
descompónese la casa.
   ¿Qué tenéis? ¿Estaréis mala?

Sirena ¿Cómo a hablarme os atrevéis?
¿Por qué, Carlos, si me veis,
no echáis por esotra sala?

Carlos Del duque traigo licencia,
que para hablaros me llama.

Sirena Pues yo no de vuestra dama,
que como es toda excelencia,
   por excelencia os dará,
si ve que me habláis, enojos.

Carlos ¡Qué bajos tenéis los ojos!
¿Sois novicia?

Sirena	No, que ya
he profesado en querer
a quien por mi amor suspire.
¿No me mandáis que no os mire?
¿Cómo los he de tener?
Carlos	Licencia el duque os ha dado;
halllarme y verme os consiente;
no por tenerle presente,
tengáis recelo o cuidado;
que aquí estoy por su respeto.
Sirena	¡Donosa está la porfía!
Carlos	De mí su secreto fía.
Sirena	¡Qué mal fiado secreto!
Si el duque sus esperanzas
osa fiar por ser loco
de quien hay que fiar tan poco,
perderáse por fianzas;
que no es el secreto en vos
moneda para fiar,
Pues aun no sabéis guardar
el vuestro.
(Enojada.)	A no estar los dos
delante del duque, ingrato,
dando causa a que me escuche,
un cuchillo de ml estuche
la venganza que dilato
hubiera ya ejecutado,
sacándote esa vil lengua
que en mi agravio y en tu mengua
lo que un año oculto ha estado

               hizo público, en deshonra
               de quien tu traición confiesa.
               Gozaras de la duquesa,
               quitárasle al duque la honra,
                  no hicieras caso de mí,
               y con términos aleves
               pagaras lo que me debes.
               Muriera yo honrada así,
                  quedando el error con llave
               que ya la duquesa cuenta,
               pues la deshonra no afrenta
               hasta el punto que se sabe.

Carlos   Eso quisieras tú, ingrata,
               porque el mundo no supiera,
               si con el duque te viera
               cuando deshonrarme trata,
                  que a mi firme amor has sido
               después de un año traidora,
               y porque, muerta Leonora,
               fuera el dque tu marido,
                  y andando al uso del mundo,
               el engaño jardinero
               le vendiera por primero
               el fruto que ya es segundo.
                  Cogerle esta noche intenta
               pero no le has de engañar;
               que tengo de presentar
               mil testigos en tu afrenta.
                  Moriré vengado así;
               que no es bien que viva oculta
               infamia que en mí resulta.

Sirena   Huyendo de él y de ti

	esta noche, haré segura
	la fama que me has quitado,
	y buscar un despoblado
	donde me dén sepultura
	los brutos que en él están,
	que aunque de piedad desnudos,
	por lo menos serán mudos,
	y no me deshonrarán.

Carlos   Cruel, aunque finjas más,
                 hoy has de ser mi homicida.

Sirena   Si hoy has de perder la vida,
                 a la noche lo verás.

(Vase Sirena.)

Carlos   ¡Buen enojo me ha costado
                 haber sido, señor,
                 aquí tu procurador!

Duque   Como habéis tan bajo hablado,
                    solamente he apercebido,
                 Carlos, cuál y cuál razón,
                 que cuando las junto, son
                 como de papel rompido.
                    Ya vi que enojado la has,
                 diciendo a la despedida:
                 «Si hoy has de perder la vida,
                 a la noche lo verás.»

Carlos   Es que habiéndome injuriado,
                 porque siendo caballero
                 y haciéndome tu tercero,

       su amor he solicitado,
        me respondió: «Aunque es verdad
       que fiada del secreto
       pensé poner en efeto
       su gusto y mi liviandad,
        por librarme de la pena
       con que importunada he sido,
       y porque me ha prometido
       por esposo al de Lorena;
        pues así te has declarado,
       siendo mi primo, conmigo,
       no te he de hablar, en castigo
       de un secreto mal guardado».

Duque   Así es. No sé qué oí
       de mal guardados secretos,
       dando de agraviada efetos.

Carlos   Díjela que si de mí
        tenía lástima, advirtiese
      que esta noche, de no hacer
      tus ruegos, había de ser
      causa de que yo muriese;
        y en fin, como visto has,
      respondió al irse sentida:
      «Si te ha de costar la vida,
      a la noche lo verás.»

Duque   Ya de ti quedo seguro,
      Carlos: si sin hijos muero,
      Bretaña por mi heredero
      te jurará, yo lo juro.
        Vuélvela a hablar, no te canses,
      pues sabes lo que interesa

	mi vida de esa promesa,
	y de que su enojo amanses.
Carlos	Voy, porque el servirte elijo.
(Aparte.)	(Quiérola satisfacer.
	No se vaya; que es mujer,
	y lo hará, pues que lo dijo.)

(Vase Carlos. Salen Leonora y Floro.)

Leonora	El duque mi padre está
	tan cercano de Bretaña,
	que, si Floro no me engaña,
	a tu corte llegará
	mañana al amanecer.
	Si le piensas recibir,
	luego te puedes partir.
Duque	Pues ¿qué ocasión puede ser
	la que sin darnos aviso
	de su venida, Leonora,
	le trae con tal prisa agora?
Leonora	Por excusar gastos, quiso
	venir, a mi parecer,
	a verte sin avisarte.
Duque	¿Dónde está?
Floro	Esta noche parte
	de tu casa de placer,
	que los duques de Bretaña
	tienen, señor, en Dinhán.
	Diez millas hay. Llegarán

                              mañana.

(Vase Floro.)

Duque   Desdicha extraña
                es la mía; creí gozar
                esta noche de Sirena,
                y la suerte desordena
                cuanto pretendo trazar.

Leonora   ¿No te quedan hartas noches?

Duque   Ya sabes que la ocasión
                riñó con la dilación;
                mas ¿qué he de hacer? Traigan coches

Leonora   Ya yo mandé aparejarlos,
                que he de ir en tu compañía.

Duque (Aparte.)   Vamos. (¡Ay Sirena mía!)

Leonora (Aparte.)   (Ya voy olvidando a Carlos.)

(Vanse los dos. Salen Sirena, Corbato, Niso y Fenisa.)

Corbato   Par Dios, señora, si entre tanta seda,
                tantos tapices de brocado y oro,
                tanto paje sin capa y caperuza,
                tanta bellaquería también vive,
                buena pro os hagan pavos y faisanes,
                y coma yo a la noche, si no hay olla,
                un pedazo de pan y una cebolla.

Sirena   Corbato, los deseos del aldea,

| | incitados agora del agravio
con que el duque mi honor manchar pretende
huir me mandan del confuso infierno,
donde son los pecados cortesanos. |
|---|---|
| Fenisa | ¡Y luego dirán mal de los villanos! |
| Niso | Pues Carlos vueso primo ¿no os defiende? |
| Sirena | Cortesano es también, todos son unos,
No hay que fiar. |
| Niso | Es hospital la corte.
¡Venturoso el que sano de ella escapa!
Péganse como bubas los pecados. |
| Corbato | Y aun por aqueso tien tantos bubosos. |
| Fenisa | ¡Ah, cortesanos tiesos y engomados!
Líbreme Dios de cuellos amoldados. |
| Sirena | Ya los duques, Corbato, se habrán ido,
y si espero que vengan, corre riesgo,
o mi vida, o mi honra, o todo junto.
A mí me importa, hasta que tenga aviso
del peligro en que ando el rey de Francia,
esconderme de suerte, que no sepa
el duque donde estoy, aunque me busquen
sus mismos pensamientos. |
| Corbato | No os dé pena;
que a veros a buen tiempo hemos venido. |
| Sirena | Amigos, permisión del cielo ha sido. |

Corbato	Ya vos sabéis que cerca de Belvalle,
	en Fuente Rubia, tengo yo una granja
	de encinas y castaños guarnecida,
	donde parece que Naturaleza,
	por si acaso faltasen en el mundo
	los árboles diversos que le adornan,
	quiso juntar allí cuantos reparte
	en los diversos bosques que matiza;
	y es tanta su espesura que parece
	que es cabeza del mundo aquella sierra
	según son los cabellos que la cubren
	y de la gente y Sol mi granja encubren.
Sirena	Pues a tal tiempo el cielo os trujo a verme
	y en mi favor los duques ha ausentado,
	Fenisa ha de partir conmigo agora
	sus aldeanas ropas.
Fenisa	¡Que me place!
	Tres sayas traigo, dos de cordellate
	y una de paño fino; que la gala
	de nuestras labradoras los di-santos
	es cargar de sayuelos y basquiñas.
	Venid, trocad palacios por campiña.
Sirena	Sígueme, pues; que en este cuarto mío
	esta trasformación haré segura.
	Los demás me aguardad en esta sala.
Corbato	Par Dios, si vais allá, que no os descubra
	el perro de San Roque, aunque trabuque
	el monte todo el papa, rey o duque.

(Vanse Sirena y Fenisa. Sale Carlos, hablando para sí al salir.)

Carlos
En despedir los duques he ocupado
el tiempo. ¡Ay mi Sirena! ¿Si le has ido?
¡Desdichado de mí que lo sospecho!
Y si es verdad, mis juveniles años
verán hoy su fin trágico, acabando
a un tiempo mis desdichas y mis celos.
¡Las puertas la cerrad, piadosos cielos!

Corbato
¡Ah, señor Cáelos! ¿Ya no quiere hablarnos?
Mas no me espanto; que entre tanta seda
piérdese un pobre labrador de vista.

Carlos
¡Oh alcalde! ¡Oh Niso! ¿qué hay acá de nuevo?
¿Habeis visto a mi prima?

Niso
                             A eso venimos.

Corbato
Y habrando con perdon de vuesas barbas,
par Dios, que diz que sois un gran bellaco.

Niso
La marquesa Sirena lo confiesa,
y no puede mentir una marquesa.

Carlos
¿Luego ya la habéis visto?

Corbato
                             Si sois hombre
de guardarme un secreto, que me hurga
acá porque te escupa, sabréis cosa
que tien, por lo que os toca, de importaros.

Carlos
Acaba pues. ¿Qué esperas?

Niso	Callá, alcalde.
Corbato	Pardiobre que no puedo, y tengo miedo
de un secreto en el cuerpo detenido,
con que me muera yo, y enviude Menga.
Niso, cámaras hay también de lengua.
Sabed que está Sirena en su aposento
vistiéndose dos sayas de Fenisa,
y trocando damascos por la frisa.
Del duque se va huyendo, que esta noche
diz que quiso, par Dios, desdoncellarla,
y de vos también huye, porque dice
que por gozar lo mucho que os promete,
de primo habéis saltado en alcagüete.
Par Dios, desque el secreto he desbuchado
que parece que estoy desopilado.
Carlos	Sirena me ha culpado injustamente,
que ignora lo que su honra he defendido;
mas ¿dónde podrá estar tan encubierta
que no lo sepa el duque; que en volviendo,
ha de hacer diligencias exquisitas?
Corbato	Par Dios, aunque haga más que un pleitante,
que en Fuente-Rubia suelen, si se emboscan,
no hallar salida liebre ni raposa,
y cansadas, morirá a nuestras manos.
Bien sabéis vos el sitio y la espesura
que le esconden y guardan de la gente.
Carlos	La traza y el lugar es excelente.
Yo también quiero irme con vosotros,
de vuestro traje mismo disfrazado;
mas no sepa Sirena de esto nada,

| | que está de mí sentida injustamente,
| | y si ve que seguirla determino,
| | ha de mudar de intento y de camino.

| Corbato | Yo no pienso encargarme de secretos
| | que tanta inquietud dan; Niso los guarde
| | si es que se atreve, porque yo en dos credos,
| | si me embargaren, meteré los dedos.

| Carlos | Pues veníos conmigo, iremos juntos
| | y Niso podrá irse con mi prima;
| | que si ella está a peligro de la honra
| | yo del alma, que no se halla sin verla.

| Corbato | Vámonos pues, que ya estará vestida.

| Carlos | Cortesanos agravios y recelos,
| | hasta el vestido aquí quiero dejaros
| | como en lugar que está apestado todo;
| | que es la corte ramera, y ya no dudo
| | que he de salir de su interés desnudo.

(Vanse todos. Salen Carmenio, Celauro, Peinado, Clori, Mengo y Tirso. Suena grita dentro, y van saliendo mojados Carmenio, Celauro y los otros pastores. Hablan dentro.)

| Carmenio | Tirso, a recoger las parvas;
| | que viene el agua sin tino.

| Celauro | Deja el bieldo con que escarbas
| | la paja; que el turbellino
| | nos da con ella en las barbas.

| Clori | Saca el trigo de las eras,

                              Las gavillas mete en casa.

(Salen Celauro y Carmenio.)

Celauro   Junta la paja, ¿qué esperas?

Carmenio   Que ya la tempestad pasa.

Celauro   Par Dios que viene de veras.

Carmenio   El cielo tien mal de madre.

(Saliendo Peinado.)

Peinado   Eso sí. ¡Verá si afloja!

Carmenio   Recogeos acá, comadre.

(Saliendo Clori.)

Clori   Agua, Dios, que ruin se moja.

Peinado   Y mojábase su padre.

Carmenio   ¿Está el trigo recogido?

Celauro   Lo más se queda trillado.

Peinado   Según el agua ha venido,
                     Temo que se ha de ir a nado
                     lo que hogaño hemos cogido.

Celauro   Fue a ver nuesamo a Sirena,
                     y a fe que él vuelva fiambre.

Clori	Sí, aguardadlos con la cena.
Carmenio	No ha de quedar vivo enjambre, según lo mucho que truena.
Peinado	Ésta es la hora que el cura, metido en la igreja en folla, nubes hisopa y conjura.
Carmenio	¡No esté él jugando a la polla! Que si un todo dar procura, no le harán ir por justicia a conjurar.
Celauro	Sí, eso tiene; que si en el juego se envicia, no hay conjuros.
Peinado	Pues bien viene por el diezmo y la primicia.

(Saliendo Mengo.)

Mengo	¡Madre de Dios, y cuál vengo! Dadme un camisón y un sayo.
Clori	Remojado venís, Mengo.
Mengo	Mató las mulas un rayo; n sé cómo vida tengo.
Carmenio	¿Las mulas?

Mengo	Y de camino el mastín. Dadme otra ropa; que vengo hecho un palomino.
Peinado	¡Qué calado!
Mengo	Hecho una sopa; mas dadme algunas en vino, porque unas sopas con otras se avengan acá mejor.
Clori	Bien tu enfermedad quillotras. Lumbre hay.
Mengo	Vo a entrar en calor. ¡Qué mal tiempo para potras!

(Vase Mengo. Sale Tirso.)

Tirso	¡Ah! ¡Pese a quien me parió, y al borracho que me hizo!
Carmenio	¿Qué traes, Tirso?
Tirso	¿Qué sé yo? No he de ser más porquerizo.
Celauro	¿La piara...?
Tirso	Ahí quedó en la zahurda; ahogado se han diez ó doce cochinos.
Carmenio	¿Tal agua escupe el nublado?

Tirso	No han bastado los encinos para no haberme calado hasta el alma.
Clori	Éntrate allá.
Tirso	Pobre de aquél que le coge do tan presto no hallará poblado.
Carmenio	Cuando se moje, ¿de eso a ti qué se te da? ¡Mas gente a caballo suena!
Celauro	A la fe que vien de prisa.
Clori	Huéspedes teme la cena.
Carmenio	¿Quién son?
Peinado	Corbato y Fenisa, que con Carlos y Sirena, de labradores vestidos, como abadejo en remojo, vienen del agua perdidos.
Clori	Echa en la lumbre un manojo.
Celauro	Ellos sean bien venidos.
Clori	Ropa enjuta les vo a dar, y aderezarles la cena.

(Vase Clori.)

Carmenio   Corre, que si a su pesar
           tanta agua bebió Sirena,
           gana traerá de cenar.

Celauro   Aun no escampa, y ya anochece.

(Hablan dentro.)

Duque   El camino hemos perdido.

Floro   Hácia allí una luz parece

Tirso   De nuevo suena ruido,
           y el tiempo se está en sus trece.

(Sale Floro.)

Floro   ¡Ah buen hombre! Hacé avisar
           al dueño de aquesta casa
           que a los duques den lugar
           mientras la tempestad pasa,
           que ya se entran a apear.

Peinado   ¿Qué duques?

Floro   Los de Bretaña,
           y el de Borgoña.

Peinado   ¡Arre allá!

Tirso   Llama a Corbato, alimaña.

Peinado	Si aun no cabemos acá,
	¿Dó cabrá tanta compaña?

(Vase Peinado. Salen de camino Leonora, el Duque de Bretaña, y Enrico el duque de Borgoña, todos mojados.)

Enrico	¡Rigurosa tempestad!
Duque	No la vi igual en mi vida.
	¡Hola, a la gente llamad,
	que por el bosque esparcida
	los pierde la oscuridad.
Enrico	Poned luces, y verán
	donde estamos. Pues, Leonora,
	con rigor tratado os han
	las nubes.
Leonora	No há más de un hora
	que salimos de Dinhán,
	y más en ella he pasado,
	Señor, que en toda la vida.
Enrico	Poco el coche os ha guardado
	esta vez.
Leonora	Vengo perdida.
	Lindamente me he mojado.
Duque	No fue posible llegar
	q esta aspereza los coches,
	y obligónos a apear
	la borrasca.

Leonora   A muchas noches
                    de estas, no hay que desear.

Enrico   ¡Extraños truenos!

Leonora   No puedo
                    volver en mí.

Duque   Qué de espantos
                    hicistes!

Leonora   Téngolos miedo.

Enrico   Pues hartas santas y santos
                    acomodastes al credo.

(Salen Corbato, Peinado, y luego Fenisa.)

Corbato   Mucho el agua me ha obrigado
                    esta vez, en mi conciencia,
                    pues por acá los ha echado.
                    Bien venido sea su excelencia
                    y el buen viejo que trae al lado.

Duque   ¡Oh, Corbato! ¿Sois el dueño
                    de esta granja vos?

Corbato   ¿Pues no?
                    Aunque es astil el terreño,
                    Menga esta hacienda me dio
                    en dote del matrimeño.

(Sale Fenisa.)

Fenisa	Con salud la duca venga. Éntrese acá.
Corbato	Aho, Fenisa, haz que lumbre el hogar tenga, y saca tú una camisa que mude la duca, Menga; que aunque groseras y rotas, limpias al menos están.
Fenisa	¿Mas que heis de chorrear gotas!
Tirso	Hechos palominos van.
Duque	Descalzadnos estas botas.

(Éntranse los duques.)

Corbato	Hola, Crinudo, Mellado, id vosotros y quitad la ropa a los que han llegado, y en el hogar la colgad. Corre tú, Tirso, al ganado. Trae dos cabritos o tres, y tú otros tantos lechones.
Tirso	¿Ha escampado?
Corbato	¿No lo ves? Corre tú, y pela pichones y gallinas.
Peinado	Vamos pues.

Corbato	Aquí en el portal estén los escaños y la mesa; que es más ancho y cabrán bien. Saca tú fruta.
Peinado	¡La priesa...!
Tirso	Ya van.
Corbato	En un santiamén.

(Vanse Tirso y Peinado, y los otros pastores. Salen Carlos y Sirena.)

Carlos	Basta, esposa de mi vida, Que el cielo nos ha juntado todos aquí.
Sirena	La venida de el de Borgoña ha quitado mi miedo, pues si no olvida servicios y parentesco de mi padre, espero de él el descanso que te ofrezco.
Carlos	No temo la ira cruel de Filipo si parezco delante de él pues está el de Borgoña ahora aquí.
Corbato	¿A qué os salís por acá ¿A que os conozcan? Así, ¿desquillotrástesos ya? ¿Hase el enojo acabado?

Carlos	El agua del torbellino nuestros celos ha ahogado.
Corbato	Él es gentil desatino andar arracacinchado con ese diablo o celera que a los de la corte os da.
Sirena	¿No hay celos aquí?
Corbato	Es quimera. Quítase eso por acá con cavar una haza entera. Mas escondeos, que si os ven los duques, que están al fuego, no pienso que os irá bien.
Carlos	¿No han de cenar aquí?
Corbato	Y luego.
Carlos	Pues cuando a la mesa estén, dejadme, Corbato, vos trazar los platos.
Corbato	Sí haremos de buena gana, par Dios; que en el campo no sabemos cuál es el principio o pos.
Carlos	Pues entrémonos, Marquesa, antes que a cenar se asienten.

(Vanse Carlos y Sirena. Corbato habla mirando hacia adentro.)

Corbato   Ea, ¿no traéis la mesa?

(Salen Peinado y Tirso que sacan la mesa puesta.)

Tirso   ¡Ah! Pregue a Dios que revienten
            con ello el duque y duquesa.

Corbato   Calla, bestia. Saca sillas.

Peinado   ¿Pues han de caber en éstas
            tanta braga y lechuguillas?

Corbato   Si a duques tienen a cuestas,
            bien vienen ser de costillas.
               Di que salgan a cenar;
            que ya se habrán enjugado.

Peinado   Tirso, vélos a llamar.

Corbato   ¿Mas qué no tienes pensado
            algo agora que cantar?

Tirso   Si tengo ó no, ello dirá.

Peinado   ¿Mas que nos haces reír?

Tirso   Los duques salen acá.

(Salen el Duque, Leonora, Enrico, Floro, Fenisa, Clori, Niso, y pastores.)

Duque   Luego nos podemos ir,
            pues ha serenado ya.

Corbato	Cenaréis, señor, primero;
	que porque estiméis mijor
	vueso estado, daros quiero
	la cena a lo labrador,
	pues falta a lo caballero.
Duque	Yo, Corbato, os pagaré
	la costa.
Corbato	Poca es la hecha.
	Ningún cuidado eso os dé;
	que todo es de la cosecha
	con lo que os hemos mercé.
	Ea, no hay más que esperar
	sino entrarse; que se enfría
	lo poco que hay que les dar,
	si es que antes que salga el día
	a la corte han de llegar.
Duque	Estamos en casa ajena
	obedezcamos, señor.

(Dan aguamanos a los duques, siéntanse, y van cenando los tres, y Floro está detrás del Duque de Bretaña. Sirven Fenisa y Clori y algunos pastores.)

Peinado	¿Ésta es la duca?
Tirso	¿No es buena?
Peinado	En Belvalle el regidor
	dio a her una Madalena
	para muesa cofradía,
	y noramala, por Dios,
	aho, para su señoría,

	si se quedase entre nos.

Tirso   ¡Buena Madalena haría!

Peinado   ¿No tien gorguera y copete?
          Faltábale más que el bote?
          Digámoselo.

Tirso   Anda, vete.

Peinado   Más tiesa está que un virote.

Tirso   Es moza de buen jarrete.

Duque   ¿Úsase poner acá
          de punta hacia el convidado
          el cuchillo?

Corbato   Ser podrá.

Duque   Al revés el pan me han dado.

Fenisa   Anda todo al revés ya.

Corbato   Comed, y no paréis mientes
          en eso.

Peinado   Empieza a templar.

Tirso   Yo no tiemplo, impertinentes.

Niso   Sin templar podéis cantar
          al son que os hacen los dientes.

(Canta.)

Tirso
                  Pero Gil amaba a Menga
desde el día que en la boda
de Mingollo el porquerizo
la vio bailar con Aldonza.
Mas en lugar de agradarla,
porque no hay amor sin obras,
al revés del gusto suyo
hacía todas las cosas.
Erraba siempre en los medios
guiándose por su cholla,
y quien en los medios yerra,
jamás con los fines topa.
Por fuerza quería alcanzarla;
mas no es la mujer bellota,
que se deja caer a palos
para que el puerco la coma.
Si botines le pedía,
la presentaba una cofia;
si guindas se le antojaban,
iba a buscarla algarrobas.
Nadaba en fin agua arriba,
y empeoraba de hora en hora
como rocín de Gaeta,
quillotrándose la moza.
Fue con ella al palomar
una mañana entre otras,
y mandóle que alcanzase
una palomita hermosa.
Subió diligente Pedro,
y al tomarla por la cola,
volósele, y en las manos
dejóle las plumas solas.

          Amohinóse Menga de esto,
          contólo a las labradoras,
          que al pandero le cantaban
          cuando se juntaban todas:
             Por la cola las toma, toma
             Pedro a las palomas.
             Por la cola las toma, toma.

(El Duque habla aparte con Floro.)

Duque   Si fueras poeta, Floro,
          en esta ocasión, no pongas
          duda que de ti creyera
          que escrito habías la historia
          de mi amor mal gobernado.

Floro   Desengáñente las coplas,
          pues no te desengañó
          lo que yo te dije en prosa.

Duque   Al revés serví a Sirena.
          En la cuenta caigo agora.
          Aunque tarde, necio anduve
          en fiarme de Leonora.
          Galán al revés he sido;
          mas, Floro, ¿cómo no notas
          desde que aquí me senté,
          que no hay manjar que me pongan
          sino al revés? El cuchillo
          la punta hacia mí acomodan,
          el filo hacia arriba puesto,
          la servilleta me doblan
          al revés, el pan asientan
          la cara abajo. ¿Qué cosas

	son éstas?
Floro	Son groserías
de esta gente labradora.
Duque	No, Floro; ordenadamente
van sirviendo al de Borgoña
y a la duquesa los platos.
Solo excluyen mi persona.
Cuando agua-manos me dieron,
antes que me echasen gota,
me sirvieron la toalla.
Floro	Turbación de gente tosca.
Duque	Cuando sentarnos quisimos,
vuelta hallé mi silla sola
las espaldas a la mesa.
Después en la cena toda
mi sospecha he confirmado.
Diéronme asada una polla
sobre una taza y la salsa
en un plato.
Floro	Calla agora.
Duque	Cuando pido de beber,
agua me traen en la copa,
y el vino me echan encima.
Floro	Así se usa en Barcelona.
¿Qué pueden aquí saber
de corteses ceremonias,
si no han sido maestre-salas

	ni trinchan sino cebollas?
Duque	Pronósticos con que Amor, porque me afrente y me corra, mandando al revés servirme, de amante al revés me nota.
(Canta.)	
Tirso	Corrido Pedro de verse que le corren por la posta, a su comadre Chamisa dio parte de sus congojas; mas respondióle la vieja: «Pero Gil, cuando se enhornan, se hacen las panes tuertos, y cocidos mal se adoban. Si no aciertas al sembrar, no te espantes que no cojas, porque mal cantará misa aquél que el a, b, c ignora. El que por las hojas tira, mal los rábanos quillotra, que no se deja arrancar el rábano por las hojas. Ya que erraste a los principios, cántente en bateos y bodas, en fe que eres un pandero, a su pandero las mozas: Por la cola las toma, toma Pedro a las palomas. Por la cola las toma, toma.»

(Cuando se ha cantado esto, salen Carlos y Sirena de labradores, y saca cada uno un plato, y en él un rábano, las hojas hacia el Duque delante del cual se hincan de rodillas.)

Fenisa   Señor duque de Bretaña,
               si no ha entendido la historia,
               sepa que por él se ha dicho,
               y no por otra persona.
               Para postre de la cena,
               porque no hay conserva o tortas,
               le presentan los que ve,
               el rábano por las hojas.
               Diz que es tan mal pretendiente,
               que empieza cuando negocia,
               por el Ite, Missa est,
               para acabar en la gloria.
               Si es discreción esa o no,
               nueso duque de Borgoña
               lo diga, pues Dios lo trujo
               a que estos preitos componga.

Duque   ¡Sirena! ¡Carlos! ¿Qué es esto?

Carlos   Diligencias que la honra,
               gran señor, hacer procura.
               La tempestad rigurosa
               nos ha juntado aquí a todos,
               para que alcance vitoria.
               Contra amorosos deseos
               en ti la razón honrosa.
               La marquesa que has amado,
               es mi prima y es mi esposa.
               Juzga si es razón, señor,
               volver por entrambas cosas;

| | y mirando a la nobleza
| | de tu sangre generosa,
| | sal vencedor de ti mismo,
| | y mi osadía perdona.

Enrico   Duque, si vine a Bretaña,
            quejas justas de Leonora
            de mi estado me sacaron
            que han de averiguarse agora.
            Sabido he todo el suceso
            del ciego amor que hace heroica
            la constancia de Sirena,
            y vuestra edad alborota.
            Ella es deuda de los dos;
            mas no deuda que se cobra
            en ofensa de su fama,
            y agravio de vuestra esposa.
            Pues Dios aquí nos juntó,
            venturoso fin se ponga
            con que ella y Carlos se partan
            desde este sitio a Borgoña;
            que en el condado de Aspurg
            mi amor a Sirena dota,
            para que en descanso viva,
            pues la ausencia no ocasiona
            juveniles apetitos.

Leonora   (Albricias, venganza loca,
            que con escalas de celos
            combatistes mi deshonra;
            que ausentes Sirena y Carlos,
            a fortalecerse torna
            la obligación de mi honor.

Duque	No es tiempo de que responda,
	señor, al justo consejo
	que mi venganza os otorga,
	sino que callando os pida
	que le hagáis poner por obra.
Enrico	Alto, pues, mis caballeros
	con los marqueses se pongan
	cuando amanezca en camino,
	y nosotros, pues es hora,
	a Bretaña nos partamos.
Carlos	Tu prudencia, señor, sola
	ha sido bastante a dar
	feliz fin a tantas cosas.
	Tus pies mil veces besamos.
Duque	Basta. Fenisa donosa,
	que al revés me dais la cena...
Fenisa	Y el rábano por las hojas.
Duque	Yo en dote os doy mil ducados;
	y a Corbato por la costa
	de la cena otros dos mil.
Corbato	Déte Francia su corona.
Enrico	Alto de aquí, caballeros.
Carmenio	Aprienda a hacer desde agora
	el amante pretendiente
	las diligencias que importan.

Fenisa	Y si no, véngase acá,
	y cenará a poca costa,
	porque solo le darémos
	el rábano por las hojas.

	Fin de la comedia

Libros a la carta

A la carta es un servicio especializado para
empresas,
librerías,
bibliotecas,
editoriales
y centros de enseñanza;
y permite confeccionar libros que, por su formato y concepción, sirven a los propósitos más específicos de estas instituciones.

Las empresas nos encargan ediciones personalizadas para marketing editorial o para regalos institucionales. Y los interesados solicitan, a título personal, ediciones antiguas, o no disponibles en el mercado; y las acompañan con notas y comentarios críticos.

Las ediciones tienen como apoyo un libro de estilo con todo tipo de referencias sobre los criterios de tratamiento tipográfico aplicados a nuestros libros que puede ser consultado en Linkgua-ediciones.com.

Linkgua edita por encargo diferentes versiones de una misma obra con distintos tratamientos ortotipográficos (actualizaciones de carácter divulgativo de un clásico, o versiones estrictamente fieles a la edición original de referencia). Este servicio de ediciones a la carta le permitirá, si usted se dedica a la enseñanza, tener una forma de hacer pública su interpretación de un texto y, sobre una versión digitalizada «base», usted podrá introducir interpretaciones del texto fuente. Es un tópico que los profesores denuncien en clase los desmanes de una edición, o vayan comentando errores de interpretación de un texto y esta es una solución útil a esa necesidad del mundo académico.

Asimismo publicamos de manera sistemática, en un mismo catálogo, tesis doctorales y actas de congresos académicos, que son distribuidas a través de nuestra Web.

El servicio de «libros a la carta» funciona de dos formas.

1. Tenemos un fondo de libros digitalizados que usted puede personalizar en tiradas de al menos cinco ejemplares. Estas personalizaciones pueden ser de todo tipo: añadir notas de clase para uso de un grupo de estudiantes, introducir logos corporativos para uso con fines de marketing empresarial, etc. etc.

2. Buscamos libros descatalogados de otras editoriales y los reeditamos en tiradas cortas a petición de un cliente.

www.ingramcontent.com/pod-product-compliance
Lightning Source LLC
LaVergne TN
LVHW041253080426
835510LV00009B/712